すぐに▼役立つ

◆法改正に対応！◆

最新 内容証明郵便
実践文例集200

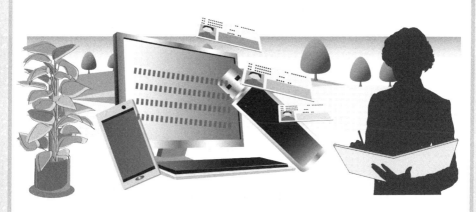

認定司法書士 松岡 慶子 監修

三修社

はじめに

　郵便において、もっとも大切なことは、いつ、誰に、どのような内容の手紙を送ったかということです。手紙を送る人は、いつ、誰に、どのような内容の手紙を送ったかという点について、きちんと把握している必要があります。本書のテーマである内容証明郵便は、文書の内容・差出人・宛先・日付を証明する上でとても重要です。もっとも、内容証明郵便は証明という点だけでなく、普通の郵便と異なり、手紙の送付以上の効果をもつことがあります。たとえば、内容証明郵便で手紙を受け取った相手方は、精神的にプレッシャーを感じるかもしれません。そのため、内容証明郵便を使用する際には、その効用やデメリットについてもきちんと理解しておく必要があります。

　本書では、内容証明郵便の基本的な知識と、必要な手続きについて、知識のない人でも読めるように解説することを心がけました。2020年4月施行の民法債権法改正や民法相続法改正、2019年改正の会社法、その他、特定商取引法、消費者契約法など、さまざまな法改正にも対応しています。

　第1章では、内容証明郵便の書き方・出し方について取り上げています。ここでは、書き方・出し方だけでなく、内容証明郵便の効果やメリットなども解説し、内容証明郵便の全体像がつかめるよう工夫しています。第2章から第9章において、具体的なトラブルを想定し、そのトラブルにおいて出すべき内容証明郵便の文例をとりあげて解説しています。また、各文例には理解を助けるワンポイントアドバイスを設けました。巻末には、ハガキでクーリングオフをする場合など、内容証明郵便以外の通知書などの文例を掲載しました。

　本書を、皆様のお役に立てていただければ監修者として幸いです。

監修者　認定司法書士　松岡　慶子

Contents

第3章　債権回収・担保についてのトラブル

第4章　会社経営・職場に関するトラブル

第5章　家族・相続などに関するトラブル

第6章　事故・事件・権利侵害などに関するトラブル

第7章　不動産取引などに関するトラブル

第8章　近隣・住環境などに関するトラブル

第9章　その他のトラブル

巻　末　内容証明郵便以外のその他の文例

第1章

内容証明郵便の
書き方・出し方

1 内容証明郵便にはどんな効果があるのか

■ 内容証明郵便とは何か

　内容証明郵便とは、文書の内容・差出人・宛先・差出日付を、日本郵便株式会社が証明する制度です。普通、「内容証明」と略して呼ばれているものです。

　内容証明郵便を送る際には通常、配達証明をつけますから、その郵便が相手方に配達されたことを証明できます。たとえば、商品購入後に思い直して契約を解除（クーリングオフ）する場合に、単純に書面を送付しただけでは後で「そんな手紙はもらっていない」と販売会社に主張される可能性もありますが、本書の第2章以降で紹介する文例のように内容証明郵便で送付すれば、発信した事実を証明することができます。

　このように、内容証明郵便は、「どのような手紙を、いつ、誰に対して送ったのか」を証明できる有力な手段です。しかし、これによって送った文書の内容が正しいことが証明されるわけではありません。内容証明郵便で送った文書の内容に法律的な強制力はないので、内容証明郵便を受け取った相手が、その文書の内容に異議を唱えてきた場合には、交渉を続けたり、場合によっては訴訟を起こすといった対応を取る必要があります。

　ただ、内容証明郵便は通常の郵便物とは異なる形式で送られてきますから、受け取った人に差出人の意思の強さを知らせるには十分な効果があるといえます。「適当に対応するわけにはいかない」と考えた相手方が、なんらかの反応を示すことが期待できます。

■ 配達証明などとセットで利用する

　内容証明郵便を送る際には、他のオプションサービスとあわせて利

用できます。たとえば、速達、配達証明、配達日指定、本人限定受取、代金引換といったサービスです。明確な意思を効果的に相手に伝えるには、こうしたオプションサービスを活用するとよいでしょう。

このうち、内容証明郵便に配達証明のサービスをつけると、その郵便物が確かに相手方に届いたことと、その年月日も証明されます。受取人に内容証明郵便が配達されると、2、3日程度で日本郵便株式会社（郵便局）から、内容証明郵便が届いたことを証明する「郵便物等配達証明書」が届きます。裁判になった場合でも、この「郵便物等配達証明書」があれば、その郵便物が確かに相手に配達されたことを、その日付とともに証明することができます。

少しでも早く相手方に自分の意思表示をしたい場合や、急いでいることを印象づけたい場合は、速達を利用することで、より効果的な内容証明郵便を送ることができます。場合によっては、配達日指定のオプションをつけて送ることも必要になるでしょう。

■■ 効果的に利用するには

内容証明郵便は、日常生活のさまざまな場面で、相手に要求や警告などをするために利用することができます。

① **相手に要求する場合**

内容証明郵便は何か被害を受けたため、相手に何かを要求したいときに効果的に利用できます。たとえば、契約トラブルが発生したことを理由に、契約の解除や取消しをする場合です。交通事故の加害者に対する損害賠償の請求（140ページ）や従業員の会社に対する未払賃金の請求（103ページ）など、金銭の請求をする場合にも内容証明郵便を利用するとよいでしょう。

なお、契約の取消しと解除は似ていますが、行使できる場面が異なります。契約の取消しは、相手にだまされたり脅されたりして契約を結んだなど、契約を結ぶ過程に問題があった場面で行使できるもので

す。他方、契約の解除は、相手が約束の商品を引き渡さないなど、契約を結んだ後に約束を守らない場面で行使できるものです。

② 相手に警告する場合

　配偶者の不倫相手に対する警告書（122ページ）のように、訴訟などの法的手段を取る前段階として、相手に警告をするために内容証明郵便を利用することができます。これにより、内容証明郵便による警告後も、相手方が不倫関係を継続していれば、後に損害賠償請求訴訟などに至った場合に、相手方の行為が悪質であるなど、違法性を証明することが容易になるという効果があります。

③ 相手の不当な処分に抗議する場合

　会社から退職を強要された場合（111ページ）や上司からパワハラを受けた場合（114ページ）など、納得のいかない不当な処遇を受けた場合に、相手方の態度の改善を求めたり、相手に抗議したりする手段として、内容証明郵便を利用することができます。

④ 相手に要求を伝える場合

　家賃の値上げを申し入れる場合（197ページ）や養育費の増額を求める場合（127ページ）など、今後の相手との関係に影響を与える事態が生じた場合には、内容証明郵便で自分の意思を明確に伝えるのがよいでしょう。

■ 配達証明郵便サンプル ‥‥‥‥‥

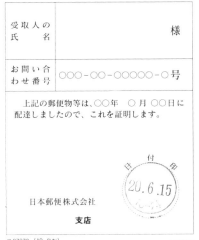

契　　　印
XX.6.15

郵便物等配達証明書

受 取 人 の 氏 名	様
お問い合わせ番号	○○○-○○-○○○○○-○ 号

　上記の郵便物等は、○○年　○月○○日に配達しましたので、これを証明します。

日付
20.6.15

日本郵便株式会社

支店

ユ 07370 （19・SUN）　　　　　　　　　再生紙使用

2 内容証明郵便のメリットを活かす

■■ 内容証明郵便の利用によるメリット

　内容証明郵便は、以下にあげるような目的でよく利用されています。

① 相手方に心理的なプレッシャーを与える

　内容証明郵便は、通常の郵便物とは取り扱いが異なっています。人によっては、内容証明郵便を受け取っただけで驚き、到着してすぐに電話をくれたり、請求額をそのまま支払ったりする場合があります。たとえば、金銭消費貸借契約の債務者が、貸金業者に対して「債務の処理を△△弁護士に委任しました」（42ページ）と記載された内容証明郵便を送付すると、受け取った貸金業者はそれ以降、弁護士を相手にしなければならないので（債務者本人に対して直接取立てをすることが禁じられます）、相当のプレッシャーになるでしょう。

② 相手方に差出人の強い意思を伝える

　内容証明郵便を受け取った相手方は、差出人が内容証明郵便を送付してきたという事実によって、差出人の強い意思を知ることになります。よほど内容証明郵便に慣れている人でない限り、そ知らぬフリをすることはないでしょう。内容証明郵便を差し出すことを考えるまでに事態が悪化している場合、電話をしたり実際に会ったりして交渉しようとしても、自分の思うように進まないことが多いといえます。この場合に、内容証明郵便を送ることで、相手が無視して交渉に応じないというような事態は少なくなります。

　たとえば、ネット上に名誉を棄損する写真や動画を掲載された場合の削除請求では「刑事告訴も検討している」（163ページ）旨を記載することで、差出人の強い決意が伝わり、相手の態度に影響を与えることができます。

③　相手方の反応をうかがう

　相手方が何を考えているのか、どうするつもりなのかがわからない状況で、まずは自分の主張を伝えて相手の反応を見る場合にも、内容証明郵便はよく利用されています。内容証明郵便を送った結果、最終的には訴訟を起こす場合もあれば、債務を履行してもらえる場合もあります。債務の存否について問題となっていた場合に、相手方から債務の存在を認める返答がくる場合もあるでしょう。このように、相手方の反応によって次にどのような手を打つべきかを決めたい場合や、裁判を想定した証拠作りをしたい場合にも、内容証明郵便は利用されます。

　なお、相手に慰謝料を請求する場合、内容証明郵便に「本書面到達後7日以内に、慰謝料の支払意思についてご回答頂けますよう請求致します」（149ページ）といった記載をすることがあります。これは慰謝料請求に限ったことではありませんが、期限を指定して相手の反応をうかがい、期限内に相手が何も応じてこなければ別の手を打つ、ということもできます（期限の指定。26ページ）。

■■内容証明郵便が必要な場合

　単に相手に何かを請求するだけならば、わざわざ内容証明郵便を利用する必要はないでしょう。内容証明郵便を送る意味は、それを差し出した郵便局（差出郵便局）にコピーが保管されるので、あとでトラブルが生じた際に証拠が残るという点にあります。逆に考えると、トラブルになりそうなケースでは、通常の書面ではなく、内容証明郵便として送る必要があります。

　たとえば、相手による詐欺にあったことを理由に契約を取り消す場合（46ページ）や、購入した商品に欠陥があって契約を解除する場合（64ページ）です。これらのトラブルが生じた場合、相手にも言い分があることも多いので、内容証明郵便を利用して明確な証拠を残して

おくほうがよいのです。

　また、通知を発信すべき期間や通知が到達しなければならない期間が法令などで定められている場合も、日付の証明が必要なケースだといえるでしょう。この場合、通知がいつ発信されたか、あるいはいつ到達したかを証明するために内容証明郵便を利用します。

　たとえば、悪質商法の被害を受けてクーリングオフ（一定の期間内であれば無条件で認められる申込みの撤回や契約の解除）の通知を行う場合です（53ページ）。この通知は、契約書面の交付などを受けた日から8日などの一定期間内に、必ず書面で、相手方に対して通知する必要があります。期間内に発信されたことが確実に証明されれば、相手方に届いた日時とは関係なく契約解除の効力が生じるため、非常に重要です。通常のクーリングオフであれば、ハガキに記載して簡易書留郵便で出すという方法でかまいません（23ページ）。しかし、悪質商法の被害者が契約の解除とともに損害賠償などを請求する場合には、内容証明郵便で送付したほうがよいでしょう。

■ 内容証明郵便の使い方 ……………………………………………………

①代金や貸金の支払請求	何度請求してもいっこうに代金や貸金を返済してこない債務者に対しては、内容証明郵便で強く支払請求の意思を示す。
②各種損害賠償の請求	取引上発生した損害の賠償請求だけではなく、交通事故や離婚などに基づく損害賠償請求・慰謝料請求についても、内容証明郵便を利用することができる。
③契約の解除	悪質商法などの被害者がクーリングオフ（契約の解除）ができる場合に、内容証明郵便で送付することで期間内にクーリングオフをしたことを証明できる。
④消滅時効の援用	借金などを時効により消滅させるには、消滅時効を援用する旨の通知を債権者に送る必要がある。通常、時効の援用の通知は、配達証明付きの内容証明郵便で郵送する方法をとる。

3 内容証明郵便を出す際には慎重さが大切

■■ こんな点に注意して送る

　トラブルを解消する手段として、さらには裁判時の有力な証拠として、一定の効果の期待できる内容証明郵便ですが、万能ではありません。具体的には、以下のような点に注意します。

① 送っただけで問題が解決するとは限らない

　内容証明郵便で文書を送るには、手間もかかりますし、多少の費用もかかります。文書の形式もある程度決まっていますし、「２週間以内に支払いがない場合は、訴訟を提起することになります」などのように、法的な対応をする旨を記載することもあります。したがって、その内容は強い意思を表すものとなりますので、相手方は心理的な圧迫を感じ、請求に応じることも多くあります。

　しかし、内容証明郵便を送っただけでは、相手を強制的に従わせるような効力はありません。たとえば、会社から不当な処遇を受けた従業員は、抗議書を内容証明郵便で送って意思を伝えます（110ページ）。しかし、相手である会社が何も反応してこない場合には法的手段も含め、次の行動を検討しなければなりません。

② 取消しがきかない

　どのような郵便物でもそうですが、文書が一度相手に渡ってしまうと、撤回したり取り戻すのは非常に難しくなります。内容証明郵便の場合、このことが大きな問題になることがあります。

　たとえば、請求書の金額を少なく書く、相手の支払期限を本来よりも長く書く、相手や自分の住所・氏名を間違えて書くなど、差出人が自分に不利な書き間違いをした文書を送付したとします。いったん届いてしまった文書は受取人が自由に使うことができますから、書き間

違いが受取人にとって有利なら、それをタテになんらかの要求をしてきたり、訴訟を起こすといったことをするかもしれません。

　このとき、文書を内容証明郵便で送っていると、その文書は有力な証拠としての効力を持ちますので、場合によっては書き間違いの内容がそのまま裁判で認められてしまう可能性があるのです。また、他人の不正を追及する場合には、証拠固めをしっかりと行い、表現にも気をつけた上で、内容証明郵便を送りましょう。証拠もなく厳しい表現で不正を訴えると、逆に脅迫行為であるなどとして訴えられる可能性があるからです。

③　日本語を理解できない相手には効果が生じにくい

　内容証明郵便で送付する文書を作成する際、使用できる文字は仮名、漢字などの日本語だけです（英字は固有名詞のみ可）。送付先を海外にすることはできますが、文書は日本語ですから、英語など外国語しか理解できない相手には、差出人の意思が伝わりません。

　反対に、外国人が内容証明郵便を出すことも可能ですが、この場合であっても日本語を使用して記載しなければなりません。ただし、複数枚にわたる場合の割印や、誤字などを訂正する際に必要になる訂正印については、外国人は一般に印鑑を持っていないことが多いため、サインをすればよいという運用が行われています。

■■ 利用を避けたほうがよい場合

　内容証明郵便の特徴や効果、問題点などを見ていくと、この制度を利用しないほうがよい場合もあるといえそうです。

　たとえば「トラブルは起こっているが、相手方との良好な関係は維持したい」という場合です。内容証明郵便は、差出人の強い意思を伝えることができる分、関係の悪化または断絶も辞さない覚悟だと受け取られても仕方がありません。

　このような場合には、直接話し合う機会を探る、普通郵便を利用し

てみるなど、内容証明郵便以外の方法を検討したほうがよいでしょう。また、相手の出方に不安がある場合も、内容証明郵便の利用は避けたほうが無難です。内容証明郵便で送られた文書を見て、相手が「脅迫された」などと主張すると、かえってトラブルが拡大してしまうからです。効果が期待できる相手かどうかの見定めも必要でしょう。

■■ 自分でも書ける

　訪問販売や割賦販売で商品を購入した場合、一定の期間内ならば無条件で契約を解除できる「クーリングオフ」という制度があります。契約や法律に慣れていない場合、どうすればクーリングオフができるのかがわからないので、弁護士や司法書士などの書類作成の専門家にクーリングオフの手続きの一切をまかせることもあるようです。

　ただ、内容証明郵便の文例は、素人が書けない難しいものではありません。たしかに専門家に依頼して書いてもらうと安心感があり、自分で考えて書く煩わしさは省けますが、書面を作成してもらうだけで数千円、通知費用なども含めると数万円という費用がかかることもあります。訴訟などに発展する可能性がある場合でなければ、コストパフォーマンスのこともあるので、専門家に頼まず自分で内容証明郵便を書くことも検討するとよいでしょう。

　クーリングオフの通知はハガキで行うことも可能で、その場合の記載事項はとてもシンプルです。右例のように、契約年月日、商品名、契約金額、販売会社を記載して、契約を解除する旨を書くだけです。これなら購入者が自分で書くことが可能でしょう。また、発信年月日を残すことが大切ですので、ポストには投函せず、郵便局の窓口で簡易書留郵便を利用するとよいでしょう。

　なお、契約解除だけでなく相手方に損害賠償請求を行う場合には、内容証明郵便の利用を検討することになります。

■ 最も簡単なクーリングオフの通知例 ‥‥‥‥‥‥‥‥‥‥‥

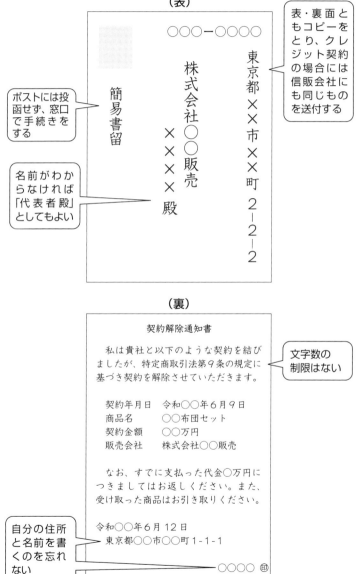

（表）

○○○－○○○○

東京都××市××町2－2－2

株式会社○○販売
××××殿

簡易書留

表・裏面ともコピーをとり、クレジット契約の場合には信販会社にも同じものを送付する

ポストには投函せず、窓口で手続きをする

名前がわからなければ「代表者殿」としてもよい

（裏）

契約解除通知書

　私は貴社と以下のような契約を結びましたが、特定商取引法第9条の規定に基づき契約を解除させていただきます。

契約年月日　令和○○年6月9日
商品名　　　○○布団セット
契約金額　　○○万円
販売会社　　株式会社○○販売

　なお、すでに支払った代金○万円につきましてはお返しください。また、受け取った商品はお引き取りください。

令和○○年6月12日
東京都○○市○○町1-1-1

　　　　　　　　　　○○○○ 印

文字数の制限はない

自分の住所と名前を書くのを忘れない

4 内容証明郵便を書く際の基本ルール

▉▉ 内容証明郵便の基本的な書式

　内容証明郵便として送る文書を作成しようとする際は、原稿用紙のようなマス目の入った市販の内容証明郵便用紙を使用するのが一般的です。しかし、とくにこの用紙を使わなければならないという決まりはなく、どのような用紙でも受け付けてもらえます。パソコンで作成した文書をプリンターで出力して使うこともできます。

　また、文書の内容自体は、どのようなことが記載されていてもかまいませんし、「こう表現しなければならない」という決まりもありません。ただ、一般的には次のような様式を踏まえて作成します。

①　標題（タイトル）

　「商品引渡請求書」「契約解除通知書」などのように、内容がひと目でわかる見出しのようなものです。本書の多くの文例のように、「請求書」「通知書」とするだけでもかまいません。

②　本文

　内容証明郵便を使って相手に伝えたい内容です。一般の手紙やビジネス文書のように、時候のあいさつを入れたり、「前略・草々」など文頭・文末の言葉を入れることもありますが、通常はこれらのものは省略し、いきなり用件に入ります。また、日時や金額など、より明確にしたい部分については「記」として別立てで書いたり、別紙に書くこともあります。本文の最後には、作成の年月日を記載します。

③　差出人名

　差出人の所在が明確になるよう、住所と氏名を記載し、押印します。

④　受取人名

　受取人の住所・氏名（受取人が法人の場合は法人名と代表者名）を

記載し、「殿」「様」「御中」などの敬称をつけます。

■■ 使用できる文字は決まっている

　内容証明郵便は、形式的には次のような要件を満たしたものでなければ取り扱ってもらえませんので、注意が必要です。

① 　1通の文書であること

　用紙の枚数が1枚ということではなく、内容がつながった「1通の文書」であるということです。図面や絵、返信用封筒、小切手など、当該文書以外のものを同封することはできませんので、必要に応じて別の郵便物として送付します。複数枚にわたって内容を記載する場合は、用紙と用紙にまたがって契印（差出人の認印でよい）を押す必要があります。ページ番号はつけなくてもかまいません。

② 　決められた文字または記号で書かれていること

　内容証明郵便は、ⓐ仮名、ⓑ漢字、ⓒ数字、ⓓ英字（固有名詞に限る）、ⓔ括弧、ⓕ句読点、ⓖその他一般に記号として使用されているものによって記載しなければならないとされています。つまり、日本語を使用しなければならず、外国語の使用はできません。

③ 　一般書留にすること

　一般書留にすると、郵便物の引き受けから配達までの送達過程の記録が残ります。ただ、相手方に配達されたことを証明するものではないので、配達されたことを証明したい場合には、配達証明サービスを利用しましょう。

■■ 他の書類の同封と回答期限の指定

　相手に対して損害賠償請求をする場合、請求書や契約書などが内容証明郵便以外の形式で作成されていることがありますが、内容証明郵便以外の形式の書類を同封することはできません。これらも送付する必要がある場合には、別の郵便物として送るか、それらの請求書など

を作り直すことが必要です。

　また、内容証明郵便の文末に「本書面到達後2週間以内に支払代金をご返還されない場合には、法的手続をとる所存です」などと、期限を指定することがあります。支払いや回答の期限をいつに設定するのかは、原則として自由に決めることができます。ただ、相手にも金銭などを用意する時間が必要なので、相手の準備期間を考慮した期日を指定しておくとよいでしょう。内容にもよりますが、1週間から10日くらいとすることが多く、2週間を超えるケースもあると思います。

■■ 文字数・行数の制限と訂正の仕方

　内容証明郵便を送るには、相手方に送付する内容文書1通と差出人及び差出郵便局が保管する謄本（内容文書を写したもの＝控え用）2通の計3通の文書を作成する必要があります。実は、相手方に送付する内容文書には文字数・行数の制限がありません。しかし、謄本には文字数・行数の制限があるため、通常は内容文書も謄本の制限に合わせ、3通とも同じ文書を作成します。つまり、相手方に送付する1通を作成し、2部コピーをとって差出郵便局に持っていきます。

① 謄本の文字数・行数の制限と字数計算

　縦書きか横書きかによって、文字数・行数の制限が違います。縦書きは、1行20文字以内・1枚26行以内の1パターン、横書きは、ⓐ1行20文字以内・1枚26行以内、ⓑ1行13文字以内・1枚40行以内、ⓒ1行26文字以内、1枚20行以内の3パターンがあります。標題も1行として計算します。本書の文例は「横書きⓐ」のパターンを使っています。

　字数計算をするとき、㎡、kg、①など、一部の記号は2文字として扱います。①や(1)のどちらも原則として2文字扱いですが、文章中以外で箇条書きにして、順序を示す意味で①や②を用いる場合には、①と②はそれぞれ1文字として扱います。また、下線付きの字句や図形

で囲った文字も数え方が異なります。また、句読点も1文字として扱うので、行をはみ出して句読点がきたときは、次の行のはじめに句読点を送ります（記載サンプル。29ページ）。

② 文字または記号の訂正の仕方

　作成した内容文書の文字や記号の一部を訂正・削除する場合、修正液を使うことや、塗りつぶして書き直すことは認められません。字句を訂正・削除もしくは挿入する際には、欄外に「3行目2字削除」などのようにその文字数と箇所を記入し、差出人印を押印します。本文中の訂正・削除する箇所は、二本線を引くなどして元の文字や記号がわかるようにしておきます。

　ただし、内容文書の改ざん（たとえば、3という文字のすき間を埋めて8に変えるなど）は許されないので、実際に訂正・削除もしくは挿入をする場合には、差出郵便局の郵便認証司（内容証明郵便や特別送達郵便物の認証を行う権限をもつ者）に見てもらい、指示を受けた上で自分で訂正などを行いましょう。

■ 内容証明郵便の書き方

用　紙	市販されているものもあるが、とくに指定はない。B4判、A4判、B5判が使用されている。
文　字	日本語のみ。仮名（ひらがな、カタカナ）、漢字、数字（算用数字・漢数字）、括弧、句読点が使用できる。外国語不可（英字は固有名詞に限り使用可）。
文字数と行数	縦書きの場合　　：20字以内×26行以内 横書きの場合ⓐ：20字以内×26行以内 横書きの場合ⓑ：13字以内×40行以内 横書きの場合ⓒ：26字以内×20行以内
料　金	文書1枚(440円)＋郵送料(84円)＋書留料(435円)＋配達証明料(差出時320円)＝1279円 文書が1枚増えるごとに260円加算

※2019年10月1日現在消費税10%改訂時の料金

■ 内容証明郵便の文字数と行数 ┈┈┈┈┈┈┈┈┈┈┈┈┈┈┈

縦書き

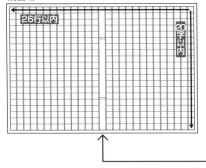

26行以内

20字以内

用紙の大きさに制限はありませんが、Ｂ４判やＡ４判を使用するのが一般的です。

このスペースは、この用紙に特有のものであり、文字数・行数には含まれません

横書きⓐ

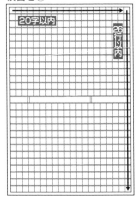

20字以内

26行以内

横書きⓑ

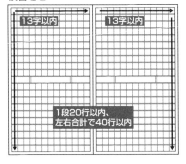

13字以内　13字以内

1段20行以内、左右合計で40行以内

横書きⓒ

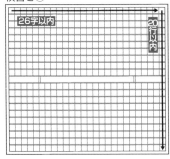

26字以内

20行以内

※本書の文例は、横書きⓐのパターンで作成しています

■ 記載サンプル ……………………………………………………………

※左例の横書き@のパターンで作成しています

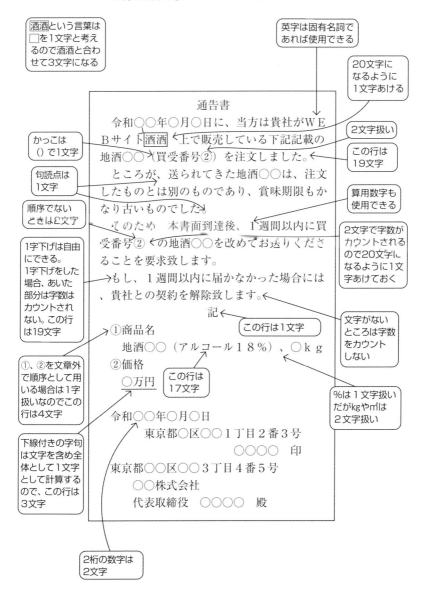

酒酒という言葉は□を1文字と考えるので酒酒と合わせて3文字になる

英字は固有名詞であれば使用できる

20文字になるように1文字あける

かっこは（）で1文字

2文字扱い

この行は19文字

句読点は1文字

算用数字も使用できる

順序でないときは2文字

2文字で字数がカウントされるので20文字になるように1文字あけておく

1字下げは自由にできる。1字下げをした場合、あいた部分は字数はカウントされない。この行は19文字

文字がないところは字数をカウントしない

①、②を文章外で順序として用いる場合は1字扱いなのでこの行は4文字

この行は1文字

%は1文字扱いだがkgや㎡は2文字扱い

下線付きの字句は文字を含め全体として1文字として計算するので、この行は3文字

この行は17文字

2桁の数字は2文字

令和○○年○月○日に、当方は貴社がWEBサイト酒酒上で販売している下記記載の地酒○○（買受番号②）を注文しました。

ところが、送られてきた地酒○○は、注文したものとは別のものであり、賞味期限もかなり古いものでした。

そのため　本書面到達後、1週間以内に買受番号②の地酒○○を改めてお送りくださることを要求致します。

もし、1週間以内に届かなかった場合には、貴社との契約を解除致します。

①商品名
　地酒○○（アルコール１８％）、○ｋｇ
②価格
　○万円

令和○○年○月○日
　　東京都○区○○１丁目２番３号
　　　　　　　○○○○　印
東京都○○区○○３丁目４番５号
　　○○株式会社
　　代表取締役　○○○○　殿

■ 内容証明郵便の訂正の仕方 ………………………………………………

```
                                    4行目　1字削除 ㊞
              抗議書                 6行目　2字訂正 ㊞
                                    9行目　1字加入 ㊞

　私は令和○○年○月○日に貴社の指示によ
り、株式会社○○サーチに派遣されることに
なったのですが、2週間ほど勤務した後、
○○サーチ社の方から株式会社××マーケテ
                        指示
ィングに出勤するようにと支持されたため、
現在××マーケティング社の指揮命令の下で
働いております。
                                        条
　このような派遣行為は職業安定法第44に
反する違法な労働者供給行為に該当します。
```

■ 内容証明郵便を書く際の注意事項 ………………………………………

・句読点
　「、」や「。」は1文字扱い

・□□の扱い
　文字を□□で囲うこともできるが、□□を1文字としてカウントする。たとえば、「角角」という記載については3文字として扱う

・下線つきの文字
　下線をつけた文字については下線と文字を含めて1文字として扱う。たとえば「3か月以内」は5文字扱い

・記号の文字数
　「%」は1文字として扱う。「㎡」は2文字として扱う
　「」や（）などの括弧は全体で1文字としてカウントする

・1字下げをした場合
　文頭など、字下げをした場合、空いたスペースは1字とは扱わない

5 押印と提出の際にはこんな点に注意

■■ 印鑑はこんな場合に必要

　内容証明の文書を作成する際に印鑑が必要になるのは、次のような場合です。

① 差出人印

　文書の最後に差出人の住所・氏名を記載します。差出人印はなくても大丈夫ですが、慣例として押印することが多いようです。通常は記載した氏名の横や下などに押印します。印鑑の種類は、印鑑登録をした実印でも、認印（三文判）でもかまいません。

② 用紙が複数にわたる場合の契印

　契印とは、ページとページを隣り合わせにつなぎ、その双方に印影がかかるように押印することをいいます。内容文書や謄本が複数枚にわたる場合、この契印を押すわけですが、①の差出人印を押印した場合は同じ印鑑で統一しましょう。

③ 訂正印

　内容文書の内容を訂正する際に、訂正箇所に押印しなければならないことは27ページで述べました。この訂正印も、上記の①、②の印鑑と統一するようにしましょう。

■■ 提出時に必要な通数

　内容証明の文書は、差出人が自分で用意しなければなりませんので、何通必要になるかをあらかじめ数えておきましょう。

　受取人が1人の場合は、受取人に送付する内容文書1通、差出人が保管する謄本1通、差出郵便局が保管する謄本1通の計3通が必要です。差出人が2人以上いて、各自が謄本を保管したいという場合は、

その数だけ謄本を作成しますが、内容証明郵便の送付に必要となる内容文書は1通だけです。

　次に、受取人が2人以上いる場合です。送付する内容文書が受取人ごとに違う場合は、それぞれ別の内容証明郵便として扱わなければなりません。つまり、用意する通数は「3通（内容文書1通＋謄本2通）×受取人の人数分」になります（差出人が1人の場合）。

■■ 複数の受取人に送る場合

　たとえば、セクハラにあったとき、セクハラをした従業員と会社に損害賠償を求めるために同じ文面の内容文書を送ることがあります。受取人が別で文面が同じなら、同文内容証明郵便を利用することができます。同文内容証明郵便は、複数の受取人に送付する内容文書が同じ場合に、内容文書だけを受取人の人数分作成し、謄本（控え用）は差出人と差出郵便局の保管用の2通だけ作成するという制度です。

　たとえば、3人に内容証明郵便を出す場合、通常は1人につき受取人用、差出人用、差出郵便局保管用、各1通ずつ計3通作成しなければなりませんから、3人分の合計9通作成します。しかし、完全同文内容証明郵便ならば、受取人用3通、差出人用1通、郵便事業所保管用1通の合計5通だけで済みます。同文内容証明郵便にすれば枚数が少なくなるので、費用が安くすみます。

　同文内容証明郵便では、標題・本文・差出人については共通する内容文書を複数の相手に送付することになります。さらに、受取人名も含めてまったく同じ内容証明郵便のことを完全同文内容証明郵便といいます。他方、受取人名だけが違う内容証明郵便のことを不完全同文内容証明郵便といいます。

① 　完全同文内容証明郵便

　まったく同じ文面の内容証明郵便を送るわけですから、受取人全員の住所・氏名を連記します。受取人は、内容証明郵便が自分の他に誰

に送られたのかがわかることになります。

② 不完全同文内容証明郵便

　内容証明郵便の標題・本文・差出人は同じですが、受取人用の内容証明郵便には受取人全員の住所・氏名は連記せず、受取人は１人ずつ別々に記載します。これに対し、差出人用と差出郵便局用の内容証明郵便には受取人全員の住所・氏名を連記します。受取人は、内容証明郵便が自分の他に誰に送られたのかはわかりません。

■ 同文内容証明郵便のしくみ ……………………………………

同文内容証明郵便を利用しない場合

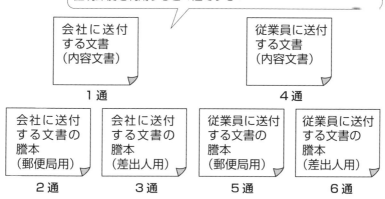

同文内容証明郵便を利用する場合

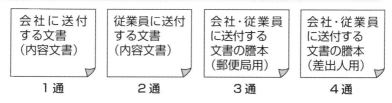

6 郵便局に出してから配達されるまでの流れ

■■ 内容証明郵便を出す前準備

　内容証明郵便を出す際には、事前に必要なものを用意しておくと、郵便局の窓口での手続きをスムーズに進めることができます。

　受取人が1人の場合を例にすると、まず、同一内容の書面を最低3通用意します。用意する書面については、用紙のサイズ、記載に使う筆記具についてはとくに決まりがありませんので、手書きした1通の書面を2通分コピーして合計3通用意する、といった方法でもかまいません。次に、内容証明郵便を送る封筒を準備します（受取人が複数の場合はその人数分だけ準備する）。封筒には、あらかじめ差出人・受取人の住所・氏名を書いておきます。また、文面の文字数や行数を間違って計算していた場合は、訂正印を押す必要があります。こうした場合に備えて、訂正用の印鑑も準備しておきましょう。

　内容証明郵便は集配郵便局の他、日本郵便株式会社が指定している郵便局から差し出すことができます。すべての郵便局で扱っているわけではないので、実際に出向く前に、あらかじめその郵便局が内容証明郵便を扱っているかどうかを確認しておきましょう。内容証明郵便を取り扱っている郵便局は、インターネットで検索できます。日本郵便株式会社のウェブサイトで確認しましょう。

■■ 窓口で行う処理手順

　事前の準備が終わったら、内容証明郵便を取り扱っている集配郵便局などの郵便窓口で、配達証明つきの発送を依頼しましょう。このときに、内容文書1通と謄本2通（差出人も受取人も1人の場合）、差出人・受取人の住所・氏名が書かれた封筒を提出します。

申込みを受けた窓口担当者は、郵便物が内容証明郵便物として差し出されたことを証明する郵便認証司印のスタンプと、通信日付印のスタンプを押します。郵便認証司とは、総務大臣の任命により内容証明郵便や特別送達郵便の認証を行う者で、郵便局員が任命されます。差出人は、内容文書にあたる書面と封筒を窓口の担当者から受け取り、その書面を封筒に入れ、窓口担当者の面前で封入します。

　封をした封筒を提出すると、郵便局の担当者から書留郵便物受領証と謄本にあたる書面（控え用）を受け取ることができます。書留郵便物受領証と謄本は、以降さまざまな場面で必要となるので、大切に保管しましょう。具体的には、内容証明郵便を閲覧するときや、内容証明郵便の謄本をなくしてしまい、もう一度内容証明の内容を証明してもらうときに必要となります。

　なお、窓口には、本人以外の人が行くこともできます。その場合に委任状や身分証明書などは一切必要ありません。また、内容証明郵便は、インターネットを利用して出すこともできます。これを電子内容証明（e内容証明）といい、日本郵便株式会社のウェブサイトで24時間受付をしています。

■ 内容証明郵便の出し方 ･････････････････････････････････････

```
┌─────────────────────┐
│ 内容証明郵便を取り扱う    │
│ 郵便局の郵便窓口へ行く    │
└─────────────────────┘
          ↓
┌─────────────────────┐          ● 提出書類 ●
│ 提出書類を再チェックして  │       ・内容文書も含め最低3通
│ 「配達証明付きで」と指定  │       ・封筒
└─────────────────────┘       ・訂正用の印鑑
          ↓                     （訂正がある場合に必要）
┌─────────────────────┐       ・料金
│ 郵便局側の確認作業       │
│ （受領書の発行）         │
└─────────────────────┘
```

■■ 内容証明郵便を出した後の流れ

　差出人が内容証明郵便を出し、実際に郵便が受取人に配達されてから２、３日程度で、差出人のもとに郵便物等配達証明書が届きます。

　郵便物等配達証明書は、内容証明郵便が配達されたことと、その配達日時を証明するものですから、書留郵便物受領証や謄本と同様、なくさないようにしましょう。内容証明郵便が受取人に配達されるまでの期間は、受取人や同居人が在宅していて受け取った場合は、一般の書留郵便と同じです。しかし、受取人が不在だったり、受取を拒否したりした場合は、状況が異なります。

　受取人が不在だった場合、配達人は不在配達通知書を受取人宅のポストに入れて、郵便物を持ち帰ります。郵便物は１週間、郵便局に保管されますが、この期間内に受取人からの連絡がなかった場合、郵便物は差出人のもとに戻されます。郵便物が戻ってくると、受取人に届いたことにはなりませんから、受取人の自宅に直接出向いたり、在宅の日を電話で確認するといった対応が必要になります。

■ 書留郵便物受領証 ………………………………………………………

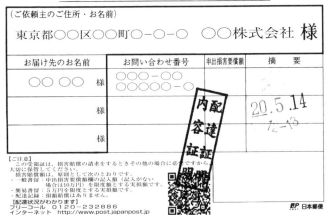

36

7 電子内容証明郵便の書き方はどうする

██ 24時間いつでも出せる

　内容証明郵便を電子化し、インターネットを通じて24時間受付を行う電子内容証明サービス（e内容証明）が提供されています。このサービスを利用して電子内容証明郵便を作成することができます。

　郵便局から出す内容証明郵便は、内容証明をする文書３通（受取人１名の場合）を、郵便局員が実際に読んで内容を確認し、記入ミスがないかを調べます。そのため、ある程度の時間がかかりますし、郵便局が開いている時間でなければ受け付けてもらえません。

　しかし、電子内容証明サービスは、インターネットを通じて受付を行うため、24時間いつでも申込みをすることができます。文書データを送信すれば、自動的に３部作成してもらえますので、手続は短時間で終了します。さらに、内容証明文書が複数枚の場合、電子内容証明郵便の方が利用者の負担金額が安く済みます。郵便局のホームページでは、郵便局での差出しでは内容証明文書が３枚になる場合について、電子内容証明郵便の方が259円安いことを例示しています。

　簡易な手続きで利用することができる電子内容証明サービスは、特

██ 電子内容証明郵便の書き方 ·······································

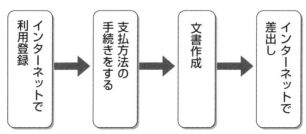

インターネットで利用登録　→　支払方法の手続きをする　→　文書作成　→　インターネットで差出し

に郵便窓口に行く時間のない人にとって、非常に便利な制度だといえます。それ以外でも、定期的に内容証明郵便を出す予定がある人にとっては、簡易な手続きで、多くの受取人に向けて、まとめて内容証明郵便を差し出すことができるため、広く利用されています。

差出人から送信された電子内容証明文書のデータは、電子内容証明サービスで受け付けます。その後、証明文と日付印が文書内に自動的に挿入されてプリントアウトされ、できあがった文書も自動的に封筒に入れられて発送されます。

■■ 電子内容証明サービスの利用準備

利用者登録が必要になりますが、日本郵便株式会社の電子内容証明サービスのホームページ（ https://e-naiyo.post.japanpost.jp/ ）から行います。

利用料の支払いはクレジットカードまたは料金後納を選択することができます。クレジットカードを選択すると登録はすぐに完了しますが、料金後納を選択すると料金後納承認の手続きが必要なので、登録まで日数がかかります。登録自体は無料です。

なお、以前は専用ソフトウェアを手持ちのパソコンにインストールする必要がありました。しかし、2016年4月以降は、専用ソフトウェアのインストールが不要となり、ホームページ閲覧などに用いるブラウザ（Microsoft社の「InternetExplorer」「Edge」など）を操作して、電子内容証明郵便の作成を行うことになっています。

■■ 電子内容証明の文書の作成

電子内容証明郵便で送る文書は、Microsoft社の「Word」（2010以降のWindows版のみ対応）という文書作成ソフトで作成されたものに限定されています（2020年6月現在）。文書の体裁は、通常の内容証明郵便と異なり、次のとおりです。

　　　　　　　　　　　　　　　通知書
　　私は、令和○○年８月５日、貴殿に対して、後記の商品を金８０万円で売
り渡し、その際、金３０万円を手附金として受領し、残金５０万円は、令和
○○年４月１日までに支払うとの約束になっておりました。ところが、貴殿
は右約束に違反し、今日に至るも未だ残金５０万円の支払いをしてくれてお
りません。そこで、本書面到達後５日以内に必ず、右残金全額をお支払いく
ださいますよう、右請求致します。
　　　　　　　　　　　　　　　記
　オフィス家具　　５台

　令和○○年６月１日
　東京都新宿区新宿○丁目○番○号
　エムエス事務用品販売株式会社
　代表取締役　佐　藤　一　郎
　東京都豊島区池袋○丁目○番○号
　合同会社　山本産業
　代表取締役　山　本　太　郎　殿

差出人
〒169－0074　東京都新宿区新宿○丁目○番○号

受取人
〒170－0004　東京都豊島区池袋○－○－○

　　　　　　　　　　　　　　　　　　　　　　佐藤　一郎

　　　　　　　　　　　　　　　　　　　　　　山本　太郎様

① 用紙設定

　用紙は「Ａ４サイズ」が指定されています。縦置き・横置きを問いませんが、縦置きの場合は横書き、横置きの場合は縦書きでなければなりません。余白は、縦置きは上・左右に1.5cm以上、下に７cm以上、横置きは上下・右に1.5cm以上、左に７cm以上必要です。通常の内容証明郵便と大きく異なるのは、１ページ内の文字数制限が大幅に緩和されていることと、逆に一度に出せる枚数に制限があることです。文字数は上記の余白と後記のポイント（文字の大きさ）で収まる範囲まで記載できます。他方、枚数は最大で５枚までとなっています。

② 文字サイズと種類

　文字サイズは、10.5ポイント以上、145ポイント以下であれば自由です。使用できる文字は、JIS第１、第２水準の範囲の文字とされていますので、外字などは使用できません。文字の装飾は「太字」と「斜体」のみ使用が認められています。詳細は電子内容証明サービスのホームページ上にある説明書などで確認できます。文書作成後、差出人や受取人の他、配達証明や速達などの指定をし、専用フォーマットに変換したものをインターネット経由で送信して完了です。

■ 電子内容証明郵便の料金 ……………………………………

料金名	単　位	料　金	備　考
基　本　料　金		84円	
内 容 証 明 料 金	1枚	382円	1枚増えるごとに＋360円
書　留　料　金		435円	
配 達 証 明 料 金		320円	
電 子 郵 便 料 金	1枚	15円	1枚増えるごとに＋5円
謄 本 送 付 料 金		304円	一括送付の場合は503円
合　　　　　計		1,540円	1枚の場合

2020年6月現在

第2章

金銭貸借・販売などに
関するトラブル

債務者が貸金業者に債務整理を弁護士に委任したことを伝える通知書

通知書

　私は、貴社に債務を負担しております。
この度、私は、貴社との金銭消費貸借契約による債務の処理を△△△△弁護士に委任することにしました。△△△△弁護士からは、後日、受任通知が届くと思いますが、今後は、債務に関するお問い合わせは、△△△△弁護士を通すようお願い致します。

記

弁護士名　△△△△
住所　東京都○○区○○１丁目○
番地○号○○ビル
△△法律事務所
電話番号　××－××××－××××

　令和○○年○月○日
　　東京都○○区○○１丁目２番３号
　　　　　　○○○○　　㊞
　東京都○○区○○３丁目４番５号
　　株式会社○○○○
　　代表取締役　　○○○○殿

ワンポイントアドバイス

　文例では、債務者が債権者（貸金業者や債権回収会社）に対して、**債務の整理**を弁護士に**委任**したことを通知している。弁護士が債務整理を引き受けると、債権者は、直接、債務者に対して取立てができなくなる。弁護士が債務整理を受任した場合、すぐに債権者に弁護士から受任通知が送られるが、債務者から債権者に対して早めにそれを知らせておくことで、債権者の取立てを牽制することができる。

弁護士の職務怠慢に対する依頼人からの損害賠償請求書

> 請求書
>
> 　私は、貴殿に対して、令和○○年○月○日に、債務整理を依頼しました。
>
> 　ところが、上記依頼日より、○か月が経ったにもかかわらず、貴殿は、私の依頼に取り掛かっておりません。この間、私は、貴殿に対して、何度も依頼に取り掛かるよう要求しましたが、貴殿は債権者に対して委任を受けた通知すら送付しませんでした。そのため、私は未だに、債権者から取立てを受け、債務額も増加しています。
>
> 　そこで、貴殿との委任契約を解除するとともに、貴殿の職務怠慢によって生じた損害額○○万円を請求致します。
>
> 　　令和○○年○月○日
> 　　　東京都○○区○○１丁目２番３号
> 　　　　　　　○○○○　　㊞
> 　　東京都○○区○○３丁目４番５号
> 　　　○○法律事務所
> 　　　弁護士　　○○○○殿

■ ワンポイントアドバイス

　弁護士に**委任**をしたにもかかわらず委任事務が行われなかった場合、**債務不履行**（正当な理由がないにもかかわらず、約束や契約が守られないこと）として、民法415条に基づいて損害賠償を請求することができる。委任を受けた者（**受任者**）は、委任をした者（**委任者**）のために十分な注意を払って委任事務を行う義務がある。

買主から売主への代替品請求書

請求書

　私は、令和○○年○月○日、貴殿から○○を買い受ける約束を致しました。その後、私は、令和○○年○月○日に、貴殿に金○○万円を支払い、貴殿より○○の引渡しを受けました。

　しかし当方が、貴殿より買い受けた○○を使用したところ、○○には後記のような重大な欠陥があることが判明しました。

　つきましては、本書面到達後１０日以内に完全なものとお取替え下さいますよう請求致します。

記

欠陥の内容
○○○○○○○○

　令和○○年○月○日
　　東京都○○区○○１丁目２番３号
　　　　　　○○○○　　㊞
　東京都○区○○３丁目４番５号
　　○○○○殿

ワンポイントアドバイス

　2020年４月施行の民法改正によって、個人間の売買契約において、売買契約の目的物に不適合（かつては瑕疵と呼んでいた）があった場合に、契約の解除や損害賠償請求に加え、新品との交換を求めること（追完請求権）も可能であることが明文化された。追完請求を行う場合には、どのような不適合があったのかを明確にし、相手を納得させることが重要である。

飲食店が客に対してツケの支払いを求める場合の請求書

請求書

　貴殿が令和○○年６月に私の経営するスナックで計１７回にわたって飲食した際、代金計１１万９０００円の支払は８月末に行うとお約束したはずなのですが、同年１０月に至りましても未だにお支払頂いておりません。

　私としても日頃からご愛顧して頂いている貴殿に対してこのような請求書を送付するのは心苦しいのですが、店舗の経営を考えなければならない立場にあり、ご請求させて頂く次第でございます。

　つきましては、本書面到達後１４日以内に以前にお伝えした指定の口座にお振込み頂くか、私の元にお届け頂きますようご請求致します。

　　　令和○○年○○月○日
　　　　東京都○○区○○１丁目２番３号
　　　　　　　　スナック△△
　　　　　　　　店主　○○○○　㊞
　　　東京都○○区○○３丁目４番５号
　　　　　○○○○殿

ワンポイントアドバイス

　飲食店のツケを請求する権利は、かつては１年で時効消滅するとされていたが、民法改正により、2020年４月以降に発生するツケの時効期間は原則５年となる。ツケの請求に際して、店側としては、時効を更新（かつての中断）させる方法を検討する必要がある。電話での請求に応じない場合は、内容証明郵便を送付し様子を見ることも考えられる。

詐欺を理由に土地売買契約を取り消す場合の通知書

通知書

　私は、御社の従業員○○○○氏から「３年以内に公共事業で利用される土地であり、確実に値上がりする」などと説明を受け、御社と下記土地の売買契約を締結しました。しかし、調査の結果、その説明がまったくの虚偽であることが判明しました。したがって、本契約は詐欺により成立したものと判断し、民法第９６条１項の規定に基づいて契約を取り消します。つきましては、既に支払い済みの代金○○万円の返還を請求致します。本書面到達後１０日以内に返還されない場合は、法的措置をとる所存ですのでご承知下さい。

記

1　所在　京都府○○市○○町
2　地番　○○番
3　地目　山林
4　地積　○○㎡

　　　令和○○年○月○日
　　　　大阪市○○区○○１丁目２番３号
　　　　　　　○○○○　　㊞
　　　京都府○○市○○３番４号
　　　　　○○株式会社
　　　　　代表取締役　　○○○○殿

ワンポイントアドバイス

　ある土地に関し、まったくの虚偽の情報を伝えるなどして「将来値上がりする可能性がある」と信用させ、本来の価値よりも高い値段で購入させる商法（商売の手法）のことを原野商法という。最初から不正確な情報で信じ込ませる手法を用いているため、**詐欺**（民法96条１項）を理由として、契約の意思表示の取消しが可能である。

強迫を理由とする買主から売主への意思表示の取消通知書

通知書

　当方は、貴社との間で、令和○○年○月○日に、貴社の商品○○を金○○万円で購入する契約を締結致しました。

　しかし、当該契約は、当方が、貴社から強迫を受け、いたしかたなく、締結したものです。

　よって、当方は、民法第９６条１項に基づいて、本書面を以て上記契約締結の意思表示を取り消すことをご通知申し上げます。

　なお、既に貴社に支払いを済ませている代金○○万円は、本書面到達後２週間以内に返還されるよう請求致します。

　　令和○○年○月○日
　　　東京都○○区○○１丁目２番３号
　　　　　　○○○○　　㊞
　　東京都○区○○３丁目４番５号
　　　　○○株式会社
　　　　代表取締役　　○○○○殿

ワンポイントアドバイス

　強迫とは相手に無理強いをして、自分の意思に従った意思表示をさせることを意味する民法上の用語である。強迫によって締結した契約は取り消せるが、取り消すまでは有効なので、証拠が残る内容証明郵便で契約の取消しを伝える。この取消しは、強迫の状態から脱した日から５年間行使しないと時効消滅するので、早めに通知する。

　なお、脅迫は刑法上の用語であり、相手を怖がらせるような脅しをかけることを意味する。

文例07

思い違いで購入した商品の買主から売主への契約取消通知書

通知書

　当方は、貴社との間で、令和○○年○月○日に、貴社の商品○○を金○○万円で購入する契約を締結致しました。

　契約にあたって、当方は、貴社から購入した商品が○○であると思っておりましたが、実際には△△であることがわかりました。

　○○を△△であるとして購入したことは、契約について重要な部分に私の思い違いがあったことになり、民法第９５条にいう錯誤に該当します。そのため、契約を取り消します。

　つきましては、当方が貴社に対して既にお支払いした代金全額を返還して下さいますようお願い申し上げます。

　　　令和○○年○月○日
　　　　東京都○○区○○１丁目２番３号
　　　　　　　○○○○　　㊞
　　　東京都○区○○３丁目４番５号
　　　　○○商事株式会社
　　　　代表取締役　　○○○○殿

ワンポイントアドバイス

　錯誤とは、思い違いや言い違いのことである。2020年４月施行の民法改正によって、意思表示に錯誤がある契約は、無効ではなく、取消しが可能になった。ただ、錯誤により契約を取り消すためには、それが取引上の社会通念などに照らし重要な部分に関するもので、もし錯誤がなければ、普通は契約をしないと思えるもの（これを要素の錯誤という）でなければならない。

48

ネットオークションの購入者が契約の解除を行う場合の通知書

通知書

　私は、令和○○年○月○日、○○オークションにおいて、貴社が出品したチケット（令和○○年○月□日○時、○○ドーム開催の□□対△△の野球の試合、１塁側内野席）を落札し、代金○万円を振り込みました。しかし、後日送られてきたチケットは、３塁側内野席でした。メール等で１週間以内に交換するよう請求しましたが、何の返答もありませんでした。

　よって、民法第５４１条の規定に基づき、この契約を解除しますので、既に支払い済みの代金を至急返還して下さい。

　　令和○○年○月○日
　　　東京都□□区○○△丁目○番□号
　　　　　　　　　○○○○　　㊞
　　東京都○○区○○△丁目○番○号○○ビル
　　　株式会社○○
　　　代表取締役　　○○○○殿

ワンポイントアドバイス

　ネットオークションは、画面上の写真や説明文でしか商品の状態を確認できない、金銭と商品のやりとりを直接行えないといった特性から、トラブルも多発している。届いた商品が写真や説明文の内容と違う場合、**債務不履行**に該当する。まずは債務を履行するよう請求した上で、それでも履行がなければ（これを履行遅滞という）、契約を解除することができる。

使用貸借に基づく貸主から借主への返還請求書

返還請求書

　私は、令和○○年○月○日に、貴殿に対して、私の所有するゴルフセット一式を無償でお貸ししました。

　お貸ししたときに、返却時期や使用収益の目的などについては決めておりませんでした。

　しかし、私が貴殿にゴルフセット一式をお貸ししてから、２か月が経っております。私のほうでも、ゴルフセットを使用する必要がありますので、契約を解除するとともに、令和○○年○月○日までにご返却下さるようお願い申し上げます。

　　令和○○年○月○日
　　　東京都○○区○○１丁目２番３号
　　　　　○○○○　　㊞
　　東京都○○区○○３丁目４番５号
　　　○○○○殿

ワンポイントアドバイス

　借主が受け取った物を無償で使用収益した後、貸主に返還することを約束することで効力を生じる契約を使用貸借という（民法593条）。2020年の民法改正前は、使用貸借の効力を生じさせるには物の引渡しまで必要であった。

　使用貸借は無償なので、契約書などの書面を作成せず、返還時期や使用収益の目的を定めない場合がある。実際は親しい者同士による契約になるので、内容証明郵便を利用するケースも少ない。ただ、返還時期も使用収益も決めていない場合は、貸主がいつでも契約を解除できるので（民法598条2項）、速やかな返還を求める際は、内容証明郵便を利用することも一つの手である。

フランチャイズ契約を取り消す場合にフランチャイザーに送る通知書

通知書

　令和○○年○○月○○日、私は貴社とフランチャイズ契約を締結しました。その際、貴社は①　出店予定地の近隣に他の加盟店を出店させないこと、②　令和○○年○△月△△日に無償で研修を実施すること、③　令和○○年○×月××日に商品を納品することを約し、私は加盟金３００万円を支払いました。

　しかし、①　については店舗から５０ｍの場所に貴社の加盟店として△△△氏が出店予定であり、②③　については期日を過ぎても履行されておりません。つきましては、貴社との上記契約第○条に基づき同契約を本書を以て解除するとともに、支払い済みの３００万円の返還を請求致します。

　　令和○○年○○月○△日
　　　　○○県○○市○○区○１丁目２番３号
　　　　　　　○○○○　　㊞
　　　○○県○○市○○区○４丁目５番６号
　　　　株式会社○○
　　　　代表取締役　　○○○○殿

ワンポイントアドバイス

　フランチャイズ契約は事業者間の契約であり、消費者を保護する制度は適用されない。債務不履行などで解除できる場合もあるが、詐欺・強迫などによる契約でなければ取り消せない。契約条件の確認が必要である。

　なお、文章中以外で①、②を箇条書きで使う場合には１文字扱い（29ページ）だが、文章中で①、②を使う場合には２文字扱いとなる。文例では、１行を20文字にするために①の後を１文字分あけている。

点検商法の被害者が事業者に送付する取消通知書

通知書

　私は、令和〇〇年〇月〇日、貴社の営業担当者の勧めで床下の点検を受けました。その結果、早急に修繕が必要と説明され、床下工事の契約を締結しました。

　しかし、念のため別の複数の専門家による診断を受けたところ、そのような事実はないと判明しましたので、本契約の締結は詐欺によるものと判断し、民法第９６条１項の規定に基づいて取り消させて頂きます。

　つきましては、本書面到達後１週間以内に手付金１０万円を返還し、床下の資材を撤去して頂くよう請求致します。

　　令和〇〇年〇月〇日
　　　東京都〇〇区〇〇１丁目２番３号
　　　　　　　〇〇〇〇　　㊞
　　東京都〇〇区〇〇３丁目４番５号
　　　株式会社〇〇
　　　代表取締役　　〇〇〇〇殿

ワンポイントアドバイス

　点検商法とは、「無料で家屋を点検しています」などといって訪問した業者が、「このままでは近いうちに柱が折れてしまう」などの不安をあおる言葉で、修繕工事や商品購入を勧誘する商法（商売の手法）である。

　このような点検商法は「訪問販売」にあたるので、特定商取引法上のクーリングオフ制度を活用できる（特定商取引法９条１項）。もしクーリングオフができる期間を過ぎても、文例のように詐欺・強迫などによる契約の取消しは可能である。

マルチ商法の被害者が契約をクーリングオフする場合の通知書

通知書

　私が貴社の開催する販売会において締結した下記の契約は、特定商取引法上の「連鎖販売契約」に該当するものと判断しました。つきましては、特定商取引法第４０条の規定に基づいて契約解除することをここに通知致しますので、ご確認下さい。

記

1　契約日　　令和○○年△月△日
2　契約内容　商品売買契約
3　対象商品　○○○　１０個
4　商品代金　○○○万円

以上

令和○○年○月○日
　　兵庫県○○市○○１番２号
　　　　　○○○○　　㊞
東京都○○区○○３丁目４番５号
　　○○○株式会社
　　代表取締役　　□□□□殿

ワンポイントアドバイス

　マルチ商法とは、ある商品販売組織の会員になった者が、新たに会員を紹介することによって一定の利益を得ることを目的とする商売手法である。特定商取引法では、主にマルチ商法によって締結される契約を**連鎖販売取引**と呼び、契約書面を受け取った日から20日以内であれば、無条件にクーリングオフ（契約解除）ができると規定している（特定商取引法40条１項）。さらに、クーリングオフが可能な期間を経過しても、連鎖販売取引の契約期間中であれば、以後の契約を解除（契約関係を解消）することが認められている。これを中途解約制度という（同法40条の２第１項）。

内職商法の被害者が事業者に
クーリングオフする場合の通知書

通知書

　令和○○年○月○日、私と貴社の間で締結した内職あっせん契約につき、特定商取引法第５８条の規定に基づいて契約を解除しますので、この書面によって、その旨を通知致します。

　なお、既に支払い済みの登録料については、早急にご返還下さい。本書面到達後１週間以内に返還がない場合は、法的措置をとる意向であることを申し添えます。

　　　令和○○年○月○日
　　　　東京都○○区○○１丁目２番３号
　　　　　　　○○○○　㊞
　　　大阪府大阪市○○区○○３丁目４番５号
　　　　　株式会社□□□
　　　　　代表取締役　　○○○○殿

ワンポイントアドバイス

　仕事のあっせんをネタにして、高額の登録料を請求することや、教材やパソコンなどを売りつけるのが内職商法であり、サイドビジネス商法とも言われる。「副業で儲けたい」という人がねらわれやすい。

　文例では、差出人が締結した契約が、特定商取引法が定める業務提供誘因販売取引（仕事の提供を誘い文句にして商品を購入させる契約のこと）にあたると判断し、契約解除を通知した。特定商取引法58条は、業務提供誘因販売取引については、契約書面を受け取った日から20日以内ならば、書面により無条件でクーリングオフ（契約解除）ができると規定している。

電話勧誘による過量販売に関する契約申込みの撤回通知書

通知書

　当方は、令和○○年○月○日、貴社営業担当者□□□□からの電話勧誘を受け、所定の書面を郵送することによって、着物6セットの購入契約を締結しました。

　しかし、着物6セットは、日常生活において通常必要となる分量を著しく超えることが明らかであるため、特定商取引法第24条の2第1項1号に基づき、本契約を解除することを通知するとともに、本書面到達後1週間以内に、支払済みの代金○○万円を返還し、商品を引き取って頂きますよう請求致します。

　　　令和○○年○月○日
　　　大阪府大阪市○○区○○1丁目2番3号
　　　　　　　　　　　　　○○○○　　㊞

　　大阪府○○市○○3番4号
　　　　株式会社○○
　　　　代表取締役　　○○○○殿

ワンポイントアドバイス

　特定商取引法が定める電話勧誘販売とは、事業者が、消費者の自宅や勤務先に電話をかけて勧誘を行い、消費者に商品の購入や役務提供契約への申込みなどを行わせる手法である。そして、事業者が消費者に対して、消費者が必要とする以上の商品を購入させる行為は、特定商取引法では過量販売という。電話勧誘販売における過量販売についても、申込みの撤回や契約の解除が認められる。文例では、一度の契約によって過量販売に至っているが、その他に、事業者が数か月の間に繰り返し商品を購入させ、その結果、過量販売に至る場合も対象に含まれる。

無料体験商法の被害者によるクーリングオフの通知書

通知書

　当方は、令和○○年○月○日、新聞折込チラシに添付されていた無料体験チケットを利用し、貴エステティックサロンの痩身施術を受けました。その際、「継続して初めて効果が得られる」などと強く勧められ、３０回コースの契約を締結しました。

　しかし、再度検討の結果、やはり不要と判断致しましたので、特定商取引法の規定に基づき、契約を解除致します。

　つきましては、既に支払い済みの代金を早急に別紙記載の銀行口座に振り込み、返還して下さい。なお、本書面送達後１週間以内に返還がない場合は、法的措置をとる考えであることを申し添えます。

　　令和○○年○月○日
　　京都府○○市○○１丁目２番３号
　　　　　　　○○○○　　㊞
　　京都府京都市○○区○３丁目４番地
　　　エステティックサロン○○
　　　代表取締役　　○○○○殿

ワンポイントアドバイス

　無料体験商法とは、無料体験をネタに消費者を呼び込み、商品購入や会員登録などを勧誘する商法である。エステや語学教室、パソコン教室などの特定商取引法が定める特定継続的役務提供（特定商取引法41条１項）に該当する取引において、５万円を超える契約金であることなど、一定の条件を満たしていれば、契約書面の受領日から８日以内はクーリングオフができる。

加入者の保険会社に対する保険金の支払いを請求する通知書

通知書

　令和○○年○月○日に、私は貴社との間で、入院保険特約付終身保険に加入する契約を締結しました。以降、私は月々○万円の保険料を支払って参りました。令和○○年○月○日から１４日間、私はリンパ節腫脹の摘出手術のため入院致しましたので、貴社に対して入院給付金××万円の支払いを請求致しました。しかし、貴社は約款に明示されていない理由で支払いを拒否されました。私が受けた摘出手術は、入院保険特約の約款の第○条に支払対象となる手術として記載されており、同約款第△条に列挙されている特約保険給付金の支払対象外の事例にも該当しません。したがって、速やかに入院給付金○○万円をお支払い頂きますよう、請求させて頂きます。

　　令和○○年○月○日
　　　東京都○○市○○１丁目２番３号
　　　　　○○○○　　㊞
　　東京都○○区○○４丁目５番６号
　　　　株式会社○○○○生命
　　　　代表取締役　　○○○○殿

ワンポイントアドバイス

　保険契約を締結したときの約款に支払対象となる手術として記載されているのに、保険会社が支払いを拒否すると契約違反になる。文例のように、約款に記載されている事項を明示した内容証明郵便を送り、対応を促すことが考えられる。

保険の契約者が契約の解除を行う場合の通知書

通知書

　昨日、貴社の販売員○○○氏の訪問を受けた私は、同氏より元本が保証されている年金保険として勧められ、△△保険に加入する契約書に署名押印しました。

　ところが、本日私が加入した△△保険は元本割れするリスクのある個人年金保険であることが判明しました。従いまして、保険業法第３０９条１項の規定によって、上記契約の解除を致しますことを本書面によりご通知申し上げます。

　　　令和○○年○月○日
　　　　東京都○○区○○１丁目２番３号
　　　　　　　○○○○　　㊞
　　　東京都○○市○○区○４丁目５番６号
　　　　　株式会社○○生命
　　　　　代表取締役　　○○○○殿

ワンポイントアドバイス

　自宅に販売員が訪問して生命保険・損害保険・個人年金保険といった保険に加入する契約を結んだ場合は、８日以内であれば、書面で通知することによってクーリングオフができる（保険業法309条１項）。保険業法に基づくクーリングオフは、保険期間が１年以下の保険契約が適用対象外になっているため、保険期間の確認が必要である。

　他方、申込者が自ら指定した場所で契約した場合、申込者が営業所に出向いて契約した場合、インターネット経由で契約した場合などは、保険業法に基づくクーリングオフができないので注意が必要である。ただし、約款の定めでクーリングオフを認めている場合もある。

保険の申込者が申込みを撤回する場合の通知書

通知書

　私は、令和○○年○○月○○日に突然貴社の販売担当○○○○氏の訪問を受け、加入期間が５年に及ぶ貴社の個人年金保険に申し込みました。

　しかし、○○○○氏が去り際に置いていった約款をよく読んだところ、訪問時に○○○○氏より受けた説明内容と異なり、リスクが高く、利率も銀行預金と大差ないことが明らかになりました。従いまして、クーリングオフ期間内である本日、上記申込みの撤回をご通知申し上げます。

　　令和○○年○月○日
　　　東京都○○区○○１丁目２番３号
　　　　　　　　○○○○　　㊞
　　東京都○○市○○区○○４丁目５番６号
　　　　株式会社○○
　　　　代表取締役　　○○○○殿

ワンポイントアドバイス

　生命保険・損害保険・個人年金保険といった保険契約は、クーリングオフの対象となる場合がある（保険業法309条１項）。ただ、申込者が保険契約の申込みを行うために営業所を訪問した場合や、契約の加入期間（保険期間）が１年以内の場合など、その対象とならない場合もある。

　クーリングオフとは、法律の条文では申込みの撤回と契約の解除を意味する（特定商取引法９条１項）。まだ、契約の締結にはいたっておらず、契約の申込みを行っただけという場合は、文例のように「申込みの撤回」をする。

購入者が事実と異なる健康商品の売買契約を取り消す場合の通知書

通知書

　私は、令和○○年○○月○○日に貴社の販売員○○○○氏から１５万円のネックレスが血液を浄化する効果を持つという説明を受け、これを信用し、血液を浄化させることを目的として現金でこのネックレスを購入しました。しかし、先日担当の医師から購入したネックレスにはそのような効果がないことを説明されました。このように、貴社の○○○○氏がネックレスを売るために事実と異なることを私に告げ、私はその説明が事実であると誤認した結果、このネックレスを購入しましたので、消費者契約法第４条１項１号の規定に従い、上記契約を取り消すことをご通知申し上げます。上記ネックレスを貴社にお返し致しますので、至急現金１５万円を私に返還して下さいますようご請求致します。

　　令和○○年○月○日
　　　東京都○○区○○１丁目２番３号
　　　　　　　○○○○　　㊞
　　東京都○○区○○４丁目５番６号
　　　　株式会社○○
　　　　代表取締役　　○○○○殿

ワンポイントアドバイス

　事業者が、契約の勧誘時に、重要事項について事実と異なることを告げた（**不実告知**）結果、消費者がそれを事実であると誤認して契約の申込みや承諾の意思表示を行った場合、消費者は意思表示を取り消せる（消費者契約法４条１項１号）。

不安をあおる勧誘に基づき締結した契約の取消通知書

通知書

　私は、貴社との間で、令和○○年○○月○○日付で、モデル養成レッスン講座等の役務提供契約を締結し、金○○万円を支払いました。

　しかし、契約締結に際して、貴社が行った、「現在の容姿ではモデルになることは難しく、実現のためには当社が提供するモデル養成講座の受講が不可欠である」との勧誘行為は、モデルになるという要望を抱いていた私の容姿への過大な不安に乗じて、これをあおる勧誘行為に該当します。

　私は、貴社の行った上記勧誘行為によって、困惑し、本契約の締結を行ったものです。

　したがって、私は消費者契約法４条３項３号に基づき、本契約の締結を取り消し、私が貴社に支払った○○万円の返還を請求致します。

　　　令和○○年○月○日
　　　　　○○県○○市○区○丁目○番○号
　　　　　　　　　　　　○○○○　　㊞
　　○○県○○市○○区○丁目○番○号△△ビル
　　　　　株式会社○○芸能スクール
　　　　　代表取締役　　○○○○殿

ワンポイントアドバイス

　消費者契約法より、不安をあおる告知が契約の取消事由である不当な勧誘行為の類型として定められている。契約の勧誘に際し、社会経験が十分でない消費者が抱く過大な不安に乗じ、事業者が合理的理由もないのに不安をあおる告知をしたことで、消費者が困惑し、契約を結んだ場合に取消権を与える趣旨である。具体的には、進学・就職・結婚など社会生活上の重要事項や、容姿・体型など身体の特徴・状況の重要事項について不安をあおる告知が該当する。

文例21

個別クレジット契約に基づく電話勧誘取引による過量販売契約の解除通知書

通知書

　私は約半年前の令和○○年○月○日、○○食品営業担当者□□□□からの電話勧誘を受け、所定の書面を郵送することによって、5年半分の健康食品「○○ビスケット」の購入契約の申込みを行い、その後同契約を締結しました。そして、支払方法について、貴社との間における個別信用購入あっせん契約において、30回払いで代金を支払う旨の契約を締結致しました。

　しかし、5年半もの期間の健康食品を一度に購入させる契約は日常生活で通常必要とされる量を著しく超える契約であることは明らかであり、本件の商品購入契約は特定商取引法に定める過量販売契約に該当するものであるとわかりました。

　つきましては、割賦販売法第35条の3の12に基づき貴社に対する代金の支払契約を解除致します。

　　令和○○年○月○日
　　　東京都○○区○○1丁目2番3号
　　　　　　○○○○　　㊞
　　東京都○○区○○3丁目4番5号
　　　○○株式会社
　　　代表取締役　　○○○○殿

ワンポイントアドバイス

　割賦販売法により、特定商取引法と同様、個別クレジット契約（個別信用購入あっせん契約）により必要以上に物を購入させる契約（過量販売）について解除が認められる。訪問販売などに加えて電話勧誘販売も対象に含まれ、過量販売の契約とともに、個別クレジット契約も（契約時から1年以内であれば）解除できる。

結婚紹介所の入会者が入会金の返還を請求する場合の通知書

通知書

　私は、令和○○年○月○日、貴結婚相談所に入会しました。しかし、３か月たった今でも女性の紹介を受けられず、調査したところ、女性会員には年収・職業等について条件の高い男性を紹介すると説明していること、私はその条件に合致していないこと、が判明しました。契約時にそのような条件があるという説明を受けていれば、私は契約しておりません。

　したがって本契約は重要事項について私に不利益となる事実を故意に告知しなかったことにより成立したものと判断し、消費者契約法第４条２項の規定に基づいて取り消させて頂きます。

　つきましては、入会金及び３か月分の会費の返還を請求致します。

　　　令和○○年○月○日
　　　　東京都□□市○○□丁目□番□号
　　　　　　　　　　○○○○　　印
　　　東京都○○区□□○丁目○番○号○○ビル
　　　　○○結婚紹介所
　　　　代表取締役　　○○○○殿

ワンポイントアドバイス

　結婚相談所への入会は、**詐欺**目的が明白な場合や、**強迫**された場合でなければ、契約を取り消すのは難しい。ただ、「事前にその説明があれば入会しなかった」など、重要事項について消費者に不利益な事実を意図的に（故意または重大な過失により）伝えなかった場合には、消費者契約法４条２項を適用し、契約を取り消すことができる可能性がある。

通信販売の購入品の欠陥を理由に契約を解除する場合の通知書

通知書

　私は、令和○○年○月○日、貴社のホームページを見て美容液を購入しました。

　しかし、届いた商品を試した翌日、肌にひどいかぶれが生じ、病院で検査の結果、美容液が原因であることが判明しました。

　よって、この美容液に欠陥があったものと判断し、民法第５４２条１項５号の規定に基づいて契約を解除致します。

　つきましては、本書面到達後１週間以内に支払い済みの代金を返還して下さい。なお、美容液については代金返還を確認次第、送料貴社負担扱いにて返還致します。

　　令和○○年○月○日
　　　大阪府大阪市○○区○１丁目２番３号
　　　　　○○○○　　㊞
　　東京都○○区○４丁目５番６号
　　　株式会社○○
　　　代表取締役　　○○○○殿

ワンポイントアドバイス

　通信販売による契約は、クーリングオフの対象外なので注意が必要である。ただ、届いた商品に欠陥（不適合）があることが判明した場合は、2020年4月施行の民法改正では、修理・交換の請求（追完請求）ができることが明文で定められた他、通常の債務不履行と同じ条件で契約の解除もできる（民法564条）。契約を解除するには、その前に履行の催告が必要であるが、文例では美容液が再送されても肌のかぶれが解消する見込みがないので、例外的に催告せずに直ちに解除ができる場合に該当すると考えられる（民法542条1項5号）。

利殖商法の被害にあった場合の損害賠償請求書

請求書

　令和○○年○月○日、当方を訪れた貴社の営業員から、「絶対に儲かる貴金属取引があるからぜひ投資してほしい」「どんな状況に陥っても元本割れするリスクはない」との説明を受けたので、興味をもち、同月△△日に１００万円を指定口座に振り込みました。ところが、約１か月後「相場が暴落し、当初と事情が変わった」との電話連絡を受けたので、返金を申し出たところ、「あなたの自己責任ですから」と相手にしてもらえません。

　貴社の行った投資への勧誘行為は当方の財産を不当に侵害する行為と考えますので、民法第７０９条に基づく損害賠償として１００万円及び令和○○年○○月△△日から支払済まで年３％の割合の遅延損害金の支払いを請求させて頂きます。

　　令和○○年○月○日
　　　東京都○○区○○１丁目２番３号
　　　　　　　　　　○○○○　　㊞
　　東京都○○区○○３丁目４番５号
　　　　株式会社○○ビジネス
　　　　代表取締役　　○○○○　　殿

ワンポイントアドバイス

　ロコ・ロンドン取引（業者に証拠金を預け、貴金属の相場の変動を利用して行う巨額の取引）と呼ばれる利殖商法（「絶対に儲かる」と勧誘して出資を募る商法）の被害が深刻化している。被害にあった場合には、損害賠償請求（民法709条）や詐欺による契約の取消し（民法96条１項）を求める。なお、契約書面の受領から８日以内であればクーリングオフが可能である。

ショッピングクレジットで信販会社に支払解除を行う場合の通知書

通知書

　私は令和○○年○月○日、当方を訪れたセールスマンの方と羽毛布団を購入する契約を結びました。代金の支払いにつきましては、ショッピングクレジットにより貴社より立替えを受け、代金を３か月にわたって３回払いで分割してお支払することになっておりましたが、思い直し、本件契約を解除することに致しました。貴社との契約は割賦販売法が適用される個別クレジット契約に該当致しますので、割賦販売法第３５条の３の１０に基づき、本書面を以て解除致します。

　　令和○○年○月○日
　　　東京都○○区○○１丁目２番３号
　　　　　　○○○○　　㊞
　　東京都○○区○○３丁目４番５号
　　　　○○○株式会社
　　　　代表取締役　　○○○○殿

◤ワンポイントアドバイス◢

　訪問販売などで商品を購入する際には、代金を信販会社から立て替えてもらい、分割払いで返済していくケースが多い。この場合、訪問販売などによる商品販売契約だけでなく、信販会社に対する立替払い契約もクーリングオフにより解除することができる。

　個別クレジット契約（個別信用購入あっせん契約）とは、商品を購入する際、購入者が販売会社と提携している信販会社と立替払い契約を結ぶものである。この契約により、手元に現金やクレジットカードがなくても、商品を購入することができる。

信販会社に不当に高額な遅延賠償金を請求された場合の抗議書

抗議書

　令和○○年○月○日、私は△△電気店で、貴社のクレジットカードにより、合計１０回の分割払いでパソコンを購入しました。ところが、私の入金手続きが遅れ、４回目の支払いをすることができず、そのために貴社より契約の解除通知とともに遅延損害金の支払いを求める督促状を受け取りました。

　支払いを怠ったことにつきましては誠に申し訳なく、お詫び申し上げます。しかし、貴社から受け取った督促状に記載された金額は、割賦販売法で定められた遅延損害金の利率の上限を超えるものです。この金額の請求は割賦販売法第３０条の３に反する行為であるため、抗議するとともに、適切な金額に改めることを請求致します。

　　令和○○年○月○日
　　　東京都○○区○○１丁目２番３号
　　　　　　　　○○○○　　㊞
　　東京都○○区○○３丁目４番５号
　　　　○○株式会社
　　　　代表取締役　　○○○○殿

ワンポイントアドバイス

　クレジットカードの月賦の割賦払いを怠ると、信販会社との契約（包括クレジット契約）を解除され、残金の一括請求を受けるが、支払いを怠ったからといって、信販会社の要求をすべて受け入れる必要はない。遅延損害金については割賦販売法が上限を定めている（割賦販売法30条の３）ので知っておくとよい。

文例27

商品の不着を理由として信販会社に支払いを拒否する通知書

通知書

　私は令和○○年○月○日に××電器店新宿店におきまして、貴社のクレジットカードにより、液晶テレビを合計５回の分割払いで購入しました。しかし、商品の引渡期日を１０日経過しても商品が届けられておりません。

　従いまして、割賦販売法第３０条の４に基づき、商品の引渡しを受けるまでは貴社に対して代金を支払う義務がありません。よって、貴社からの商品代金の支払請求がありましても、それには応じられない旨を通知致します。

　　令和○○年○月○日
　　　東京都○○区○○１丁目２番３号
　　　　　　○○○○　　㊞
　　東京都○○区○○３丁目４番５号
　　　○○株式会社
　　　代表取締役　　○○○○殿

ワンポイントアドバイス

　クレジットカードで商品を購入したにもかかわらず、約束の日に商品が届かない場合、購入者は信販会社に対する支払いを拒むことができる（支払停止の抗弁、割賦販売法30条の４第１項）。ただ、購入者のほうで何もしないと支払いの延滞と思われる危険があるので、支払いを拒むことについての正当な理由があることを明記したほうがよい。

カードの不正使用について信販会社に責任がある場合の通知書

請求書

　私は貴社の発行するクレジットカードの交付を受けていた者ですが、令和○○年○月○日にクレジットカードを紛失したことに気付き、その日のうちに、警察及び貴社に対して届出を致しました。ところが、その後紛失したカードが第三者に不正使用されたらしく５０万円の請求を受けたので、不審に思い連絡したところ、貴社の手続ミスにより、カードの無効手続きがなされていないことが明らかになりました。

　貴社が速やかにカードの無効手続きを行っていればこのような被害は生じていなかったものと考えます。つきましては、貴社に謝罪を求めるとともに、上記金額の支払いを拒否する旨を通知致しますのでご承知おき下さい。

　　令和○○年○月○日
　　　東京都○○区○○１丁目２番３号
　　　　　　　○○○○　　㊞
　　東京都○○区○○３丁目４番５号
　　　　○○株式会社
　　　　代表取締役　　○○○○殿

ワンポイントアドバイス

　信販会社は、会員から盗難・紛失の連絡を受けたクレジットカードについては無効の手配を行い、不正使用されないようにする責任がある。信販会社がこのような無効手続きを怠ったために不正使用された場合は、支払いを拒むことができるので、その旨を伝える。

販売会社による虚偽の説明を理由に支払契約を解除する通知書

通知書

　私は令和○○年○月○日、当方の自宅を訪ねてきた××生活物産のセールスマンから１年中いつでも使える羽毛布団という説明を受けた上で、貴社の商品である「春夏秋冬羽毛布団セット」を購入致しました。購入の際、その方の紹介を受けて貴社との間で２４か月にわたって２４回払いで代金を支払う旨の個別クレジット契約を締結致しました。

　しかし、購入後３か月後に２つ目の羽毛布団を開封したところ、生地に穴があいており、羽毛が漏れて使い物になりません。この事態は想定しておらず、契約時に虚偽の説明がなされたと考えます。したがって、割賦販売法第３５条の３の１３に基づき貴社に代金を支払う契約を解除致しますので、ご承知おき下さい。

　　令和○○年○月○日
　　　東京都○○区○○１丁目２番３号
　　　　　　　○○○○　　㊞
　　東京都○○区○○３丁目４番５号
　　　　○○株式会社
　　　　代表取締役　　○○○○殿

ワンポイントアドバイス

　販売契約の際に販売業者から虚偽の説明がされた場合、その販売契約とともに、信販会社に対する個別クレジット契約も解除できる（割賦販売法35条の３の13）。解除については、内容証明郵便で簡単な経緯や事情を説明するとよい。

第３章
債権回収・担保についての
トラブル

債権譲渡通知書

債権譲渡通知書

　拝啓　益々ご清栄のこととお慶び申し上げます。

　さて、当社は貴社に対し後記の債権を有しておりますが、本日、これを東京都○○区○○1丁目2番3号株式会社△△△△に譲渡致しましたので、その旨ご通知申し上げます。今後、後記債権の支払は上記株式会社△△△△になされますようお願い致します。　敬具

記

令和○○年○月○日付商品売買契約に基づく

売掛債権　　　金400万円

弁済期日　　　令和○○年○月○日

遅延損害金　　年2割

　令和○○年○月○日
　　東京都○○区○○4丁目8番3号
　　　株式会社○○商事
　　　　代表取締役　　○○○○　　㊞
　東京都○○区○○1丁目5番2号
　　　株式会社□□
　　　　代表取締役　　○○○○　　殿

ワンポイントアドバイス

　債権譲渡の通知は、内容証明郵便などの確定日付のある証書によって行う（第三者にも債権譲渡を主張できるようにするため）。通知は、債権の譲渡人が送るべきであるが、譲受人が譲渡人の代理人として送った通知も有効である。

債権譲受人からの支払請求への回答書

ご請求に対しての回答書

　令和○○年４月１日付貴社からの「請求書」に対して、次の通り回答致します。

　上記請求書において、貴社が株式会社鶴亀商事より譲り受けたとする売掛金債権は、弊社と株式会社鶴亀商事との取引基本契約書により、その譲渡を禁止しております。当業界において譲渡禁止特約を付さないことはほとんどなく、貴社には金融業者として債権譲受けに際して当然調査すべき注意義務があり、貴社の悪意または重過失が認められます。よって弊社は貴社に対してお支払いできませんので、ご連絡するとともに、ご了解下さいますようお願い申し上げます。

令和○○年４月２０日
　　　東京都○○区○○１丁目２番３号
　　　　　回答者　　○○株式会社
　　　　　代表取締役　　○○○○　　㊞
　　○○県○○市○○２３番地
　　　　被回答者　　○○金融株式会社
　　　　代表取締役　　○○○○　　殿

ワンポイントアドバイス

　債権譲渡の前後で債権の性質は変わらないので、債務者が債権者に主張できる事実は、譲受人にも主張できる。たとえば、債権が消滅している場合、契約に無効事由や取消事由がある場合や、文例のように譲渡禁止特約がある場合は、それらを主張して支払いを拒否できる。

　2020年４月施行の民法改正の前は、譲渡禁止特約について譲受人が悪意または重過失により知らなかった場合、債権譲渡は無効となり、債務者は譲受人に対して支払いを拒否できた。改正後は、債権譲渡自体は有効となったものの、譲受人が悪意または重過失により知らなかった場合に支払いを拒否できる点は改正前と同じである。

譲受債権の支払拒否回答に対して異議を申し立てる文書

貴社回答への異議申入書

　令和○○年４月２０日付「回答書」によって、貴社より譲受債権の支払を拒否する旨ご連絡頂きましたが、次の通りこれに対して異議を申し伝えます。

　貴社主張の通り当該売掛債権に対して、譲渡を禁止する旨の特約があったとしても、弊社は何らの説明も受けておらず、知るところではありませんし、弊社においてその有無を調査すべき格別の注意義務もない以上、当該債権譲渡は有効に成立しています。

　従いまして、貴社は、特約の存在を弊社に有効に主張できないので、先にお送りした請求を拒むことはできません。よって、同請求書の通りお支払いを請求致します。

　　　令和○○年４月３０日
　　　○○県○○市○○町２３番地
　　　　通知人　　○○金融株式会社
　　　　代表取締役　　○○○○　㊞
　　東京都○○区○○１丁目２番３号
　　　　被通知人　　○○商事株式会社
　　　　代表取締役　　○○○○　殿

ワンポイントアドバイス

　2020年４月施行の民法改正により、譲渡禁止特約が付された債権の譲渡も有効となった。なお、改正前後を通じて、譲受人が譲渡禁止特約について悪意または重過失により知らなかった場合は、債務者は支払いを拒否できる（前ページ）。文例では、譲受人が悪意にも重過失にも該当しないことを主張している。

売買代金債権と手形金債権の相殺通知書

相殺通知書

　貴殿は当方に対し後記売買代金債権を有しておりますが、当該債権と当方が貴殿に対して有している後記手形債権とを本日対当額で相殺することを通知致します。これにより、貴殿の売買代金債権は完済されますが、当方の５０万円の手形債権は残ります。つきましては、手形金５０万円を直ちにお支払頂くよう請求致します。

記

1　当方の手形債権

　　　額面　　　　　金２００万円
　　　支払期日　　　令和○○年○月○日
　　　振出人　　　　貴殿
　　　受取人　　　　田中一郎
　　　振出日　　　　令和○○年○月○日

2　貴殿の売買代金債権

　　　契約日　　　　令和○○年×月×日
　　　売買目的　　　商品○○
　　　代金額　　　　金１５０万円

　令和○○年○月○日
　　　東京都○○区○○１丁目２番３号
　　　　　　　田中一郎　　㊞
　　東京都○○区○○４丁目５番６号
　　　高橋謙一　殿

ワンポイントアドバイス

　相殺をするためには、自働債権（相殺を主張する側が有する債権）となる手形債権について、弁済期（支払期日）が到来していることが必要である。相殺によるとしても、手形債権を行使する場合は手形の呈示が必要である。

時効を主張する債務者に時効が完成していないと反論する文書

請求書

　令和○○年８月１日、山田太一氏が貴殿に対して有する貸金債権金１００万円を請求しましたところ、貴殿から上記債権は令和○○年５月３１日に消滅時効が完成している旨の通知を受けました。

　しかし、令和○○年５月３１日時点では、後見開始の審判を受けている山田太一氏には成年後見人が付されておらず、同年６月３０日、私が山田氏の成年後見人に就任しました。これは時効の完成猶予事由に該当し、私が就任した同年６月３０日から６か月間は消滅時効が完成しないこととなります。

　つきましては、本書面到達後５日以内に金１００万円をお支払い下さるよう改めて請求致します。

令和○○年９月１５日
　　東京都○○区○○１丁目２番３号
　　　　山田太一
　　　　成年後見人　松本健　㊞
東京都○○区○○７丁目８番９号
　　　　田中太郎　殿

ワンポイントアドバイス

　時効の完成の主張に反論する場合は、民法が定める時効の完成猶予事由や更新事由を具体的事実を挙げて主張する必要がある。文例は、成年後見人が就いた日から６か月間の完成猶予事由を主張するものである（民法158条１項）。

消滅時効を援用して貸主からの支払請求を拒絶する通知書

通知書

　平成○○年○月○日に貴殿より借用した２００万円について、令和○○年○月○日付の内容証明郵便にて、その返済を求める通知を貴殿より受けました。

　しかし、返済期限である平成○○年△月△日より１１年が経過しており、貴殿の貸金債権の消滅時効期間は経過しています。

　そこで、私は消滅時効を援用しますので、貴殿からの請求には応じられないことを通知致します。

　　令和○○年○月○日
　　　東京都○○区○○１丁目２番３号
　　　　　　○○○○　　㊞
　　東京都○○区○○４丁目７番８号
　　　　　　○○○○　　殿

ワンポイントアドバイス

　時効期間が経過しても、自動的に時効完成の効果が生じるわけではない。時効期間の経過後、当事者が時効完成の効果を利用するとの意思表示（時効の援用）を行う必要がある（民法145条）。文例のように、貸主が貸金の返済を請求してきた場合は、当事者である借主が、貸金債権について時効の援用を行い、貸主の請求には応じないことを示す必要がある。これにより、貸主が貸金返還請求訴訟を提起しても、裁判所が時効の完成を認めれば、貸金債権が時効の完成により消滅したと扱われるので、借主は貸金の返済を免れることになる。

　なお民法改正に伴い、2020年４月以降に発生する債権は、消滅時効期間が権利を行使できるのを知った時から５年、または権利を行使できる時から10年になるとともに、最短１年の民法上の短期消滅時効期間が廃止される点に注意したい。

消滅時効にかかった債権と借入金とを相殺する通知書

相殺通知書

　当社は、貴社に対し、平成○○年○月○日付の売買契約に基づく売買代金債権金２００万円を有していましたところ、令和○○年○月○日に貴社から上記債権について消滅時効を援用する旨の通知を受けました。

　しかし、貴社が当社に対して有する令和○○年○月○日付の金銭消費貸借契約に基づく貸金債権金１００万円と上記売買代金債権は消滅時効完成前の令和○○年○月○日の時点で相殺適状でありました。そこで、当社は上記売買代金債権と上記貸金債権を対当額で相殺することをここに通知致します。

　　令和○○年○月○日
　　　東京都○○区○○２丁目３番５号
　　　　　株式会社　○○商事
　　　　　代表取締役　○○○○　　㊞
　　　東京都○○区○○７丁目８番９号
　　　　　株式会社　□□□□
　　　　　代表取締役　○○○○　殿

ワンポイントアドバイス

　自働債権（相殺の意思表示をする者が有する債権）の消滅時効が完成したとしても、時効完成前に、その自働債権と相殺の対象になる受働債権（相殺の意思表示を受ける者が有する債権）があって、両方の債権が相殺できる状態（相殺適状）になっていた場合は、債務者が消滅時効を援用しても、文例のように、債権者はその自働債権を利用して相殺ができる（民法508条）。

時効更新を理由とする再請求書

　　　　　　　　請求書
　私が貴殿に対して有する平成○○年○月○日を弁済期とする商品○○の代金支払請求に対し、令和○○年○月○日に貴殿は消滅時効を援用されました。
　しかし、令和○○年○月○日に貴殿から支払猶予の申入れを受け、私はこれを了承しております。当該支払猶予の申入れは時効の更新事由である承認にあたるため、上記代金債権は未だ消滅時効が完成していないこととなります。
　つきましては、本書面が到達後７日以内に上記代金１００万円をお支払い下さいますよう請求致します。

　　令和○○年○月○日
　　　　○○県○○市○○町１丁目２番３号
　　　　　　　　○○○○　㊞
　　○○県○○市○○町７丁目８番９号
　　　　　　　　○○○○　殿

ワンポイントアドバイス

　時効完成前に債務者が債務を承認すると、既に経過していた期間がゼロに戻り、新たに時効が進行するので（時効の更新）、当初の期間を経過しても債権は時効消滅しない。文例のように支払猶予の申入れは承認にあたるので、その日付を含めて具体的に示すことが必要である。

債権を放棄する通知書

債権放棄の通知書

　令和○○年３月３１日付金銭準消費貸借契
約に基づいて、私は貴社に対して金８００万
円の債権を有しておりますが、本日、同契約
に基づく私の貴社に対する債権を放棄し、貴
社の債務を免除しますので、通知致します。

　　令和○○年４月１日
　　東京都○○区○○１丁目２番地３
　　　　　　通知人　　○○○○　　㊞
　　東京都○○区○○２丁目３番地５
　　　　　株式会社○○物産
　　　　　代表取締役　　○○○○　　殿

ワンポイントアドバイス

　一般に債権放棄と呼ばれる行為は、債権者が債権を無償で消滅させる行為
を指し、債務者から見たときは債務免除という（単に「免除」と言うことも
ある）。債権放棄は、債権者の債務者に対する一方的な意思表示だけで効果を
生じるので、債務者の意思を気にする必要はない。債務者の資産がほぼゼロ
で、将来的にも支払いが見込めない場合などに、債権放棄をすることがある。
債権放棄は口頭でも可能であるが、文例のように、意思表示を明確にしたい
場合などは書面を使用する。また、「1000万円の債権のうち600万円を支払
えば、残りの400万円は放棄する」というように債権の一部を放棄すること
や、何らかの条件をつけて債権放棄をすることもできる。
　後から確実に債権放棄をしたことを証明するため、文例のように書面を作
成し、内容証明郵便で送ることも有効な方法である。放棄する債権をきちん
と特定するため、文例のように債権の発生原因となった契約が明確な場合は、
その契約を明記して特定しておくとよい。

手形所持人が行う裏書人に対する不渡り通知書

不渡通知書

　私は、所持する後記約束手形を令和○○年○月○日、支払のために支払場所である△△銀行△△支店へ呈示しましたが、その支払を拒絶されました。

　つきましては、裏書人である貴殿に対して、その旨通知致します。

記

（手形の表示）
　　額面　　　金３００万円
　　満期　　　令和○○年○月○日
　　振出人　　○○株式会社
　　振出日　　令和○○年○月○日
　　振出地　　東京都○○区
　　支払地　　東京都○○区
　　支払場所　△△銀行△△支店
　　受取人及び第一裏書人　　□□株式会社
　　第二裏書人　加藤正広

令和○○年○月○日
　　東京都○○区○○２丁目３番５号
　　　　山本安雄　　㊞
東京都○○区○○１丁目２番３号
　　　　加藤正広　　殿

ワンポイントアドバイス

　所持人（手形の譲受人）は、支払拒絶証書作成の日（作成が免除されている場合は手形呈示日）から４取引日内に、自分の裏書人（手形の譲渡人）に不渡りを通知する。裏書人へ遡求するには、支払日に支払場所で手形を呈示していたことを要するので、その手続を行ったことを書面に示すとよい。

第二裏書人が第一裏書人にする手形の不渡りの通知

不渡通知書

　令和○○年○月○日、後記約束手形の所持人である田中一郎殿（東京都○○市○○町123番地）から第二裏書人である当社宛に、支払をなすべき日に支払場所である△△銀行△支店にて当該手形を呈示したところ支払拒絶された旨の内容証明郵便が到着しました。そこで、第一裏書人である貴殿に対しその旨を通知致します。

記

手形の表示
　　額面　金２００万円
　　満期　令和○○年○月○日
　　振出人　□□株式会社
　　振出日　令和○○年○月○日
　　振出地　東京都○○区
　　支払場所　△△銀行△支店
　　受取人及び第一裏書人　貴殿
　　第二裏書人　当社

　令和○○年○月△日
　　　東京都○○区○○１丁目２番３号
　　　株式会社　鈴木商店
　　　　　代表取締役　鈴木一郎　㊞
　　東京都○○区○○５丁目６番７号
　　　　　松井二郎　殿

ワンポイントアドバイス

　不渡り通知を受けた裏書人（前ページ）は、通知を受けた日から２取引日以内に、通知者全員の氏名（名称）や住所を示して、自己の裏書人（自分よりも１つ前の裏書人）に通知する。文例は、所持人から通知を受けた第二裏書人が、第一裏書人に通知する場合である。

裏書人に手形金の支払を求める請求書

請求書

　当社が所持する後記約束手形をその支払を
なすべき日となる令和○○年○月○日に支払
場所である△銀行△支店にて呈示したところ
支払を拒絶されました。そこで、第一裏書人
である貴社に対し、約束手形金及び年３分の
割合による満期からの遅延損害金を請求致し
ます。

記

手形の表示
　　額面　　　金３００万円
　　満期　　　令和○○年○月○日
　　振出人　　○○株式会社
　　振出日　　令和○○年○月○日
　　支払地　　東京都○○区
　　支払場所　△銀行△支店
　　受取人及び第一裏書人　貴社

令和○○年○月○日
　　　東京都○○区○○５丁目６番７号
　　　株式会社　星光商事
　　　　代表取締役　星敏光　㊞
埼玉県○○市○○８丁目９番１０号
　　　株式会社坂本商会
　　　代表取締役　坂本一郎　殿

ワンポイントアドバイス

　裏書人が複数いる場合、支払拒絶を受けた所持人は、手形金額をいずれの
裏書人に請求してもよい（遡求権）。裏書人には、手形金額、利息の記載があ
ればその利息、年３分（2020年３月までは年６分）の割合による満期後の遅
延損害金、支払拒絶証書の作成・通知の費用などを請求できる。

代金未回収により代表取締役に対し損害賠償を求める請求書

損害賠償請求書

　当社は、令和○○年５月１０日、貴殿を代表取締役とする株式会社○○（貴社）に食用添加剤１００ｋｇを代金２００万円、支払期日は引渡の１か月後との約定で、売り渡しました。貴殿は、右契約締結時点で、近々貴社が２回目の不渡を出すことを知悉の上、本件契約を締結したものであります。その後、貴社は、予想通り取引停止処分となり、現在、事実上の倒産状態にあります。その結果、当社の販売代金２００万円は未だに支払われていません。

　以上により、貴殿が当社と上記売買契約を締結する際に、代金の支払不能について悪意であったと解せます。よって、貴殿に対し、会社法４２９条１項に基づく損害賠償として、２００万円の支払いを請求致します。

　　令和○○年７月１５日
　　東京都○○区○○１丁目エースビル３０１
　　　　　　株式会社　○○食品材料
　　　　　　代表取締役　○○○○　㊞
　　東京都○○区○○１丁目２５番の２６
　　　　　　株式会社○○建設
　　　　　　代表取締役　○○○○　殿

ワンポイントアドバイス

　株式会社の取締役（代表取締役を含む）の第三者に対する責任（会社法429条１項）を追及する文例である。取締役は、職務の執行について悪意または重過失の場合は、それによって第三者に生じた損害を賠償する責任を負う。

抵当権消滅請求の通知書

通知書

　私は、下記１の土地を下記２に記載の通り、譲渡人山本太郎殿より取得した第三取得者ですが、同地には、貴殿の抵当権（下記１）が設定されています。ついては、下記１の土地を２０００万円と評価し、貴殿に対し同金員を提供することによる抵当権の消滅を請求致します。なお、抵当権消滅請求権の行使に関し、下記１の土地の登記簿謄本を別便にて送付致します。

記

１　土地及び抵当権の表示
　　所在　東京都○○区○○１丁目２番
　　被担保債権額　３０００万円
２　土地の取得
　　令和○○年８月２０日付売買
　　売買代金額　１０００万円
３　譲渡人の表示
　　東京都○○区○○１丁目２－８－７
　　山本太郎　殿

　　令和○○年８月２５日
　　　東京都○○区○○１丁目２５
　　（第三取得者）　開田栃雄　㊞
　　東京都○○市○○町２５番の４
　　（抵当権者）　蒔田駄助　殿

ワンポイントアドバイス

　抵当権消滅請求権とは、抵当権付きの土地の「所有権」を取得した者（第三取得者）が、自らその土地を評価した額を抵当権者に提供して、抵当権の消滅を求める制度である。文例の通知書と同時にその土地の登記簿謄本を送付する。

根抵当権の元本確定を求める請求書

根抵当権元本確定請求書

　私は、下記１の土地に貴殿のために下記２の根抵当権を設定致しましたが、同根抵当権の設定に際し、元本確定日を定めませんでした。しかし、令和○○年○月○日の終了を以て設定日より３年が経過致しました。よって、元本の確定を請求を致します。

記

1　担保目的地の表示
　　所在　東京都○○区○○２丁目３番
　　地目　宅地
2　根抵当権の表示
　　設定日　令和○○年○月○日
　　極度額　３０００万円
　　被担保債権　○○の継続的売買
　　債務者兼設定者　本通知人
　　根抵当権者　貴殿

令和○○年○月○日
　　東京都○○区○○１丁目２７の１
　（債務者兼設定者）　吉永単銘　㊞
東京都○○市○○町２２５０番の２５
　（根抵当権者）　高野辺紀夫　殿

ワンポイントアドバイス

　元本確定期日を定めていない場合、設定日から３年を経過すれば、設定者は根抵当権者に元本の確定を請求できる（民法398条の19）。この請求から２週間の経過により、元本は自動的に確定する。

根抵当権の極度額の減額を求める請求書

根抵当権極度額減額請求書

　私は、下記１の土地について、貴殿のために下記２の根抵当権を設定致しましたが、元本確定日が到来致しましたので、下記２の根抵当権に関し、極度額を元本確定日に存する元本及び以後２年間に生ずべき利息の合計額まで減額することを請求致します。

記

１　担保目的地の表示
　　所在　東京都○○市○○１丁目２２番
２　根抵当権の表示
　　設定日　令和○○年○月○日
　　極度額　３０００万円
　　利息及び遅延損害金　年１割
　　被担保債権の範囲
　　○○に関する継続的売買による債権
　　元本確定日　令和○○年○月○日

　令和○○年○月○日
　　東京都○○区○○２丁目２番
（根抵当権設定者）　　○○○○　　㊞
　○○県○○市○○１丁目２番
（根抵当権者）　　○○○○　殿

ワンポイントアドバイス

　根抵当権設定者から根抵当権者に対して極度額（担保限度額）の減額請求をする文例である（民法398条の21）。主な記載事項は、①担保目的地の表示、②根抵当権の表示（設定日、極度額、元本確定日など）、③極度額減額請求の意思表示をである。

第三取得者が根抵当権の消滅を求める請求書

根抵当権消滅請求書

　私は、下記1の土地を取得した者ですが（下記3記載）、令和○○年○月○日、下記1の土地に対する貴殿の根抵当権の元本が確定しました（下記2）。確定時の元本及び利息は合計2400万円です。そこで、極度額相当額2000万円を貴殿にお支払いして、根抵当権の消滅を請求致します。

記

1　担保目的地の表示
　　所在　東京都○○市○○町1丁目22番
2　根抵当権の表示
　　設定日　令和○○年○月○日
　　設定者　松本清　殿
　　極度額　2000万円
　　利息及び遅延損害金　年1割
　　被担保債権の範囲　△△△の継続的売買
　　　　　　　　　　　　に基づく債権
　　元本確定日　令和○○年○月○日
3　松本清殿との令和○○年○月○日付売買

　令和○○年○月○日
　　東京都○○区○○1丁目2番
　（第三取得者）　矢津伸介　㊞
　東京都○○市○○町1丁目25
　（根抵当権者）　時田貢　殿

ワンポイントアドバイス

　根抵当権の付いた土地の所有権を取得した者（第三取得者）から、根抵当権者に対して「根抵当権の消滅」を請求する文例である（民法398条の22）。書面には、担保目的地の表示、根抵当権の表示、担保目的地の所有権取得、元本が確定したこと、「第三取得者」による意思表示について記載をする。

譲渡担保の実行通知書

譲渡担保実行通知書

　当社と貴社との間の令和○○年○月○日付譲渡担保契約（本件契約）に基づき、次の通り通知致します。

1　当社は、貴社に本件契約第○条第○号の期限の利益喪失事由にあたる事実の発生を確認しました。したがって、貴社は全債務につき期限の利益を喪失されましたので、本日現在の全債務金○○○万円を本通知到達後7日以内に当社宛お支払い下さい。

2　もし、上記期間内にお支払いなきときは、下記表示の譲渡担保物件を当社にご返却頂き、当社が任意の方法で処分し、貴社の債務の弁済に充当致しますので、予め通知致します。

記

譲渡担保物件の表示
○○社製○○製造用　機械○○○○15台

　　　令和○○年○月○○日
　　　　東京都○○区○○1丁目1番1号
　　　　　○○○○　株式会社
　　　　　代表取締役　○○○○　㊞
　　　東京都○○区○○2丁目2番2号
　　　　　□□株式会社
　　　　　代表取締役　○○○○　殿

ワンポイントアドバイス

　譲渡担保とは、目的物の所有権を債権者に移転させる方式の担保である。譲渡担保の実行通知には、被担保債権、担保目的物、実行の事実などを記載する。譲渡担保の目的物の価額が被担保債権の額を上回る場合、債権者はその差額分を清算金として債務者に支払わなければならない。

譲渡担保の実行による清算金支払いについての通知書

譲渡担保清算通知書

　私は令和○○年７月１日、下記約定にて貴殿に金２５００万円を貸し付けるとともに、下記物件に譲渡担保の設定を受けました。しかし返済期日を経過しても貴殿は債務を弁済しませんでした。そこで、約旨に基づき令和○○年６月１０日付で譲渡担保を実行した結果、貴殿債務額（元本・利息・遅延損害金の合算）３３８０万４７９４円と担保目的物の価格３５００万円との差額１１９万５２０６円が清算金となりましたので、右金員をお支払致します。

記

金銭消費貸借契約の内容
　元本　２５００万円
　返済期日　令和○○年２月１日
　利息及び遅延損害金　年○％
担保目的物件の明細
○○社製○○製造用　機械○○○○　　１５台

　令和○○年６月１０日
　　　東京都○○区○○１丁目２番１の５
　　　債権者・譲渡担保権者　○○○○　　㊞
東京都○○区○○１丁目２－５
　　　債務者・譲渡担保設定者　○○○○　殿

ワンポイントアドバイス

　譲渡担保を実行したが、担保目的物件の金額が上回る場合は、債務者に対する清算金の支払いが必要である（前ページ）。文例は、清算金として支払う金額を、債権者が債務者に通知するものである。

第4章

会社経営・職場に
関するトラブル

取締役を辞任する旨の通知書

辞任通知書

　私は、令和○○年４月１日に開催されました貴社の第２５回定時株主総会におきまして、適法に取締役に選任され、その職に就任致しました。以後、現在に至るまで、取締役として忠実にその職務を果たして参りました。

　しかし、この度健康上の理由により、取締役としての職責を十分に果たせなくなったため、令和○○年８月１０日付をもちまして、その職を辞させて頂きたく、本書面にて通知致します。

　従いまして、貴社におかれましては、私に関し、その取締役退任の登記についても速やかになされる旨を本辞任通知と併せて請求致します。

　　令和○○年８月１０日
　　　東京都○○区○○１丁目４－３５
　　　（退任取締役）□□□□　㊞
　　東京都○○区○○２丁目４－８－９５
　　　○○木材加工株式会社
　　　代表取締役　　○○○○　殿

ワンポイントアドバイス

　会社の取締役が、会社に対して取締役を辞任する旨を通知する文例である。取締役はいつでも辞任が可能である。注意すべき点は、退任する取締役が登記の変更を併せて請求していることである。自己の氏名が商業登記簿上、取締役として残ったままであると、退任後であっても、取締役としての損害賠償責任などを負わされることがあるからである。

解任通知書

通知書

　貴殿は、令和○○年６月２７日に開催された当社第２０回定時株主総会において適法に取締役に選任されました。

　しかし、令和○○年９月１日開催の当社臨時株主総会において、下記理由により、株主の賛成多数の決議により、その地位を解任されました。

　よって、貴殿が取締役の地位を喪失した旨を本書面にて通知致します。また、貴殿の任務懈怠により会社に生じた損害に関しましては、別途請求致します。

記

解任の理由

　貴殿は、取締役の地位にありながら、取締役会にも出席せず、職務を懈怠し、その結果として、会社に損害を与えたこと

　　令和○○年９月１日
　　　　東京都○○区○○１丁目２番３号
　　　　　○○ファイナンス株式会社
　　　　　代表取締役　　○○○○　　㊞
　　　東京都○○区○○２丁目３番４号
　　　　○○ファイナンス株式会社
　　　　（解任取締役）　　□□□□　殿

ワンポイントアドバイス

　解任された取締役に対し、会社からその事実を伝える文例である。株主総会の決議により取締役を自由に解任できるが、正当理由がない解任は損害賠償の対象となるので（次ページ）、解任の理由を記載する方がよい。

取締役を解任されたことへの損害賠償請求書

損害賠償請求書

　私は、令和○○年５月２７日に開催されました貴社の第２５回定時株主総会におきまして、正式な手続により取締役に選任されました。しかし、同年９月１０日に開催された臨時株主総会において、株主の多数の決議により取締役を解任されました。しかるに、同総会が開催された時点で、私に関しまして、取締役を解任されるに値する正当な理由は何等存在しておりませんでした。にもかかわらず、株主の多数が解任決議に賛成した故に、私は取締役の地位を解任されるに至ったのであります。

　従いまして、上記の事情の存在することを理由として、会社法３３９条２項に基づき、私に対して残りの就任期間に支払われるはずであった取締役報酬を損害額として、その賠償を請求致します。

　　　令和○○年１０月１日
　　　　東京都○○区○○１丁目７番２５号
　　　　　　　　　　○○○○　　㊞
　　　東京都○○区○○２丁目５－２５号
　　　　○○開発株式会社
　　　　代表取締役　　○○○○　殿

ワンポイントアドバイス

　解任された取締役は、その解任について正当な理由（任務懈怠など）がある場合を除き、会社に対して、解任されたことによる損害の賠償を請求できる。文例のように、正当な理由なく解任されたと考える取締役は、会社に対して損害賠償を請求することになる。

株主総会資料に関する書面交付請求

書面交付請求書

　私は、貴社発行済株式総数1000株を保有する株主です。貴社は、株主総会資料に関して貴社ウエブサイトに掲載する方法により、電子提供措置を採用しています。しかし私は、後記事項について、貴社に対して、書面による株主総会資料の交付を請求致します。

記

1　株主総会の日時・場所
2　株主総会を開催する目的事項
3　議決権行使に関する事項
4　計算書類・事業報告の記載事項

以上

令和○○年○月○日
　東京都△△区○○町××丁目△番△号
　　　　　　○○○○　　㊞
　□□□株式会社
　代表取締役　　○○○○　　殿

ワンポイントアドバイス

　令和元年の会社法改正により、株主総会の招集手続きにあたり、株式会社は、電子提供措置をとることが可能になった。具体的に、株式会社は株主に対して、株主総会資料などについて、ウェブサイトに必要事項を掲載して、そのアドレスなどを株主に提供するという方法によって、紙媒体による招集通知を発行する手間を省くことができる。しかし、すべての株主がインターネットの使用に精通しているわけではなく、株主は、電子提供措置を採用している株式会社に対して、電子提供措置により提供されている事項を記載した書面の交付を求めることができる。

反対株主の株式買取請求書

株式買取請求書

　私は、貴社発行済株式総数1000株を保有する株主です。貴社に対して、下記の通り、私の所有する株式の買取りを請求致します。

　令和○○年○月○日に開催された、貴社の第25回定時株主総会において、貴社のすべての事業を△△△株式会社に譲渡する旨の議案が議決されました。私は、この議案に関して、株主総会開催に先立ち、令和○○年○月○日付の書面により、貴社に対して反対の意思を通知致しました。また私は、上記株主総会においても同議案に反対する内容の、議決権を行使致しました。

　そのため、私は、会社法第４６９条第１項に基づき、貴社に対して、私が所有する株式１０００株の全部を、公正な価格により買い取るよう請求致します。

　　　令和○○年○月○日
　　　　東京都△△区○○町××丁目△番△号
　　　　　　○○○○　　㊞

　　　□□□株式会社
　　　代表取締役　　○○○○　　殿

ワンポイントアドバイス

　株主総会決議に反対した株主も、株主総会決議が成立すると、その決議に拘束される。そこで会社法は、株主総会決議に反対した株主に対して、株式会社に対して投下した資本を回収する機会を保障している。これを反対株主の株式買取請求権という。反対株主の株式買取請求権の行使が認められているのは、文例のような事業譲渡や、合併、会社分割など、とくに株主の利益に関わる決議が成立した場合に限られる。

株主が責任追及訴訟の提起を求める請求書

請求書

　私は、貴社の株式（普通株）１００株を令和○○年４月１０日より所有する株主です。しかるに、貴社の代表取締役である菊池晋平殿は、下記１の行為により貴社に下記２の損害を与えました。にもかかわらず、貴社は同人に対して会社法４２３条に基づく損害賠償の請求を行っておられません。従いまして、私は、本書面を以て貴社が代表取締役である菊池晋平殿に対し、訴えにより、同条に基づく損害賠償の請求をなすことを求めます。

記

１　代表取締役の行為
　　取締役会では反対多数で否決されたにもかかわらず、○○商事に対し、無担保で１億円の融資を実行したこと
２　貴社の損害
　　その後、○○商事が倒産したことにより、回収不能となった貸金相当額

　　令和○○年９月１日
　　　東京都○○区○○１丁目６－７－２５
　　　　　　　　　　　○○○○　　㊞
　　東京都○○区○○２丁目２５－７
　　　　株式会社　○○鉄板
　　　　監査役　○○○○　殿

ワンポイントアドバイス

　株主代表訴訟の前段階として、会社に対して取締役の責任を追及する訴えを提起するよう請求する文例である。①通知人が６か月以上前（非公開会社は保有期間の制限なし）から会社の株式を保有していること、②代表取締役の行為により会社に損害が生じたこと、③会社が代表取締役の責任を追及していないこと、④代表取締役への訴訟提起を会社に請求することを記載する。

取締役に対する損害賠償請求書

損害賠償請求書

　貴殿は、去る令和〇〇年〇月〇日、取締役会での承認決議を経ることなく、当社の代表取締役として、経営状態の悪化している株式会社〇〇に対して〇〇〇〇万円の融資を行いました。しかし、その後、同会社は倒産するに至り、当社は融資額相当の損害を被ることになりました。貴殿の当該行為は、明らかに会社に対する忠実義務違反に該当するものであります。

　従いまして、当職は、当社監査役として、会社法３８６条及び４２３条に基づき、貴殿に対して融資額相当の賠償を請求致します。

　　　令和〇〇年〇月〇日
　　　　　東京都〇〇区〇〇２丁目３番４号
　　　　　　株式会社〇〇
　　　　　　　監査役　　〇〇〇〇　　㊞
　　　東京都〇〇区〇〇１丁目２番３号
　　　　　同社
　　　　　代表取締役　　〇〇〇〇　　殿

ワンポイントアドバイス

　取締役がその任務を怠ったことにより会社に損害を与えたときは、会社に対してその損害を賠償する責任を負う（会社法423条）。取締役の会社に対する責任を追及する訴えを提起する場合、会社に監査役がいれば「監査役」が会社を代表する（会社法386条）。

元取締役に対しての競業の差止請求書

差止請求書

　貴殿は、令和○○年３月３１日付で当社取締役を退任されました。その際、当社と下記１の合意をしました。しかるに、貴殿は、現在、下記２の行為をなしており、下記３の理由から、下記１の合意に反します。よって、当社は、貴殿に対し、直ちに下記２の行為を止めるよう請求致します。

記

１　合意内容

　　退任後２年間、自らまたは第三者のために当社との競業行為は行わないこと

２　行為

　　令和○○年１０月１日付で株式会社○○の代表取締役に就任し、その業務を遂行中であること

３　合意に反する理由

　　株式会社○○は、当社と競合する製品○○の販売が主要な事業であること

　　令和○○年１０月２９日

　　東京都○○区○○１丁目山田ビル３−２

　　　○○株式会社

　　　　　代表取締役　　○○○○　　㊞

　東京都○○市○○２丁目２５−８

　　　○○○○　殿

ワンポイントアドバイス

　退任後も「一定期間は競業行為を行わない」旨を合意している元取締役に対する競業行為の差止めを求める文例である。具体的には、当該元取締役が退任取締役に該当すること、退任後に競業行為を行わない旨の合意が存在すること、当該元取締役が競業行為を行っていること、競業行為を止めるように請求すること、を記載する。

社内の機密を漏えいした元取締役に対する損害賠償請求書

請求書

　貴殿と当社は、貴殿が当社の取締役を退任される際に、貴殿が取締役の職務を遂行する過程で得た当社の情報を社外に漏えいしてはならないとする守秘義務に関する契約（以下「本件契約」という）を締結致しました。

　しかしながら、当社の調査により、貴殿は、当社の取締役を退任した令和○○年３月以降、当社と競業関係にある○○株式会社に対して当社の○○に関する情報を漏えいし、見返りとして○○株式会社から多額の金銭を受け取っていることが判明致しました。

　これは、明確に本件契約違反となる行為であり、当社は、本件契約第○条に基づき、貴殿に対し、金×××万円の損害賠償を請求致します。

　　　令和○○年○月○日
　　　　東京都○○区××町△△丁目○番×号
　　　　□□□株式会社
　　　　　代表取締役　　○○○○　　㊞
　　　埼玉県××市○○町××丁目△番△号
　　　　○○○○　殿

ワンポイントアドバイス

　退任後の元取締役に対して守秘義務違反を理由とする損害賠償請求をするには、原則として退任後の守秘義務に関する契約を締結しておくことが必要である。元取締役に守秘義務を課す明確な規定が法律にないからである。守秘義務契約を締結する際は、損害賠償の額も明記しておくことも考えられる。

債権者による会社の役員に対する損害賠償請求書

請求書

　私は株式会社○○商事に対して金○○○万円の債権を有する者です。

　先日の報道で明らかになったとおり、同社の代表取締役である貴殿が会社の資金を度々横領したために、会社の業績が悪化し、債権の回収が困難な状況に陥りました。こうした貴殿の行為が会社の信用を失墜させたことは明らかです。

　つきましては、会社法120条に基づき、貴殿個人に対して損害賠償として金○○○万円を請求致します。

　　　令和○○年○月○日
　　　　　東京都○○区○○１丁目２番３号
　　　　　　　　　　○○○○　　㊞
　　　東京都○○区○○３丁目４番５号
　　　　　○○株式会社
　　　　　代表取締役　　○○○○殿

ワンポイントアドバイス

　会社の役員（取締役や代表取締役など）が、その職務を怠ったことについて悪意または重大な過失がある場合、第三者（会社の債権者など）は、会社法429条１項に基づき、役員個人に対して損害賠償請求ができる（役員の第三者に対する責任）。たとえば、役員が横領などの不正行為をしたため、会社の経営状況が悪化し、債権回収が困難になった場合において、会社の債権者が当該役員に損害賠償請求をすることが考えられる。

内定取消しの違法を理由とした会社に対する損害賠償請求書

請求書

　私は令和○○年○月○日に貴社の採用試験に合格し、採用内定の通知を受けました。その際には入社誓約書も提出したのですが、同年○月○日に突然貴社から電話があり、不況を理由に採用内定を取り消したい旨の連絡を受けました。

　しかし、私は貴社から内定の通知をいただいて以降就職活動を行っておらず、時期的に来年4月からの就職先を探すのは困難な状況にあります。また、貴社の経営業績を調査致しましたところ、必ずしも内定を取り消す状況には至っていないものと考えます。

　つきましては、内定取消しの撤回を請求致します。撤回に応じて頂けない場合には、内定取消しの連絡により被った精神的損害として○○万円を請求致しますので、ご承知おき下さい。

　　令和○○年○月○日
　　　東京都○○区○○1丁目2番3号
　　　　　　　　　○○○○　　㊞
　　東京都○○区○○3丁目4番5号
　　　　○○株式会社
　　　　代表取締役　　○○○○殿

ワンポイントアドバイス

　採用内定により労働者と会社の間には労働契約（労務提供とその対価である賃金支払いに関する契約）が成立する。経営状況の悪化や経歴詐称の発覚などの合理的かつ相当な理由がない限り、内定取消しは無効である。内定者としては、労働契約の存在確認や賃金支払いなどを訴訟で請求することも視野に入れ、対応すべきである。

従業員の会社に対する未払賃金の支払請求書

請求書

　私は御社の福利厚生部に勤務する従業員ですが、令和○○年○月から令和○○年○月の間に勤務した分の給与金○○万円をいまだにお支払い頂いておりません。

　直ちに上記の賃金及び支払日の翌日から起算した年３％の利率による遅延損害金をお支払い下さいますよう、ご請求申し上げます。

令和○○年○月○日
　　東京都○○区○○１丁目２番３号
　　　　　　　　○○○○　　印
東京都○○区○○３丁目４番５号
　　○○株式会社
　　代表取締役　　○○○○殿

ワンポイントアドバイス

　会社は、従業員に対して毎月１回以上、一定の期日に賃金を支払わなければならない（労働基準法24条）。賃金の支払いが滞っているときには、何か月分の賃金が未払いになっているのかを示した上で通知をするとよい。未払いの賃金に加えて、年３％（2020年４月の民法改正の施行前は年６％）の利率で計算した遅延損害金（期日までに支払わなかった場合にペナルティとして請求を受ける金銭のこと）もあわせて請求できる。

　未払いの賃金の支払請求権は、請求をしないでいると２年間で時効消滅するため（労働基準法115条）、早めに内容証明郵便で請求するとよい。

　賃金の不払いは労働基準法24条違反の行為であり、30万円以下の罰金が科される犯罪である。支払いの遅延が何か月も続く場合には、労働基準監督署に相談することも必要になる。

従業員の会社に対する未払残業代の支払請求書

請求書

　私は当社の従業員として、令和〇〇年〇月におきまして時間外労働を７０時間行いました。

　しかし、上記時間外勤務についての残業代を〇月分の給与支給日である同年〇月〇日から２か月経過した今でも頂いておりません。つきましては、労働基準法に則り、上記時間外労働に対する手当をお支払頂きますよう通知致します。

記

法定外時間外労働についての残業代

時間単位１２００円×６０時間×１．２５＝９万円

法定外時間外労働かつ深夜労働についての残業代

時間単位１２００円×１０時間×１．５＝１万８０００円

合計１０万８０００円

　　令和〇〇年〇月〇日

　　　東京都〇〇区〇〇１丁目２番３号

　　　　　〇〇〇〇　㊞

　　東京都〇〇区〇〇３丁目４番５号

　　　〇〇株式会社

　　　代表取締役　〇〇〇〇殿

ワンポイントアドバイス

　労働時間は１日８時間、週40時間が原則とされており、通常の労働日の８時間を超える**時間外労働**については、1.25倍以上（深夜労働になる場合は1.5倍以上）の残業代（**超過勤務手当**）の支払いが必要である。

　なお、月60時間を超える部分の時間外労働については、中小企業を除いて、1.5倍以上（深夜労働になる場合は1.75倍以上）の残業代の支払いが必要になる。

名目だけの管理職に残業代を支払わない会社に対する請求書

請求書

　私は令和○○年○月から当社の○○支店の店長という立場で勤務している者です。令和○○年○月から○月まで毎週６０時間を超える残業をしておりましたが、当社から一切残業代が支払われておりません。

　当社は私の肩書きが店長であることを理由に私を残業代の支払いが不要な管理職にあたると考えているようですが、私には、メニューの内容変更や価格を設定する権限も、アルバイトを採用する権限もありません。

　つきましては、私は労働基準法の管理監督者に該当しないものと考えますので、上記の勤務時間につきまして、残業代をお支払頂きますよう請求致します。

　　令和○○年○月○日
　　　東京都○○区○○１丁目２番３号
　　　　　　　　○○○○　　㊞
　　東京都○○区○○３丁目４番５号
　　　○○株式会社
　　　代表取締役　　○○○○殿

ワンポイントアドバイス

　管理職としての肩書きを与えられているが、実質的に管理職としての権限を与えられていない者を**名ばかり管理職**という。近年の裁判例や厚生労働省の通達により、こうした管理職は管理監督者（労働基準法41条２号）にあたらないと認められているので、残業代の支払いを請求できる。

不当な待遇を受けているパートタイム労働者の会社に対する要求書

要求書

　私は貴社のパートタイム従業員として、令和○○年○月から令和○○年○月まで、３年半にわたって勤務してきました。

　先日貴社の正社員の給与体系を目にしたところ、貴社の新入社員が月額に換算して私の２倍ほどの賃金を受け取っていることを知りました。仕事の内容がまったく違うのであれば承服できるのですが、私の仕事内容と貴社の正社員の仕事内容はほとんど同様であり、パートタイム労働者であることを理由に不当な対応を受けることに納得がいきません。

　つきましては、貴社のパートタイム労働者と正社員の待遇を同等のものにして頂けるよう要求致します。

　　令和○○年○月○日
　　　東京都○○区○○１丁目２番３号
　　　　　　○○○○　㊞
　　東京都○○区○○３丁目４番５号
　　　　○○株式会社
　　　　代表取締役　○○○○殿

ワンポイントアドバイス

　会社は、パートタイム労働者であることを理由に、賃金などの待遇について、正社員との間で不合理と認められる相違を設けてはならない（パートタイム・有期雇用労働法８条）。したがって、正社員と同じ仕事をしているのに賃金が著しく低いなど、正社員と比べて不合理な待遇を受けているパートタイム労働者は、会社に抗議して待遇改善を要求することができる。

過労でうつ病になった者の復職について会社に対応を求める抗議書

抗議書

　私は令和○○年○月○日から当社の従業員として勤務しておりましたが、令和○○年○月○日から過労を原因としたストレスによりうつ病と診断され、以後半年間休職しておりました。

　体調も回復し、先月になって復職することが決まったのですが、職場に復帰してみるとかつてとほとんど同量の仕事をいきなり与えられ、上司に休業明けなので業務を軽くしてほしいと頼んでみても、復職した以上は他の社員と同様の仕事をしてもらわないと困ると拒否されました。そもそも当社の過重労働が原因で体調を崩す事態が生じたにもかかわらず、このような貴社の対応は不適切なものと考えますので抗議致します。

　　令和○○年○月○日
　　　東京都○○区○○１丁目２番３号
　　　　　　　　○○○○　　㊞
　　東京都○○区○○３丁目４番５号
　　　　○○株式会社
　　　　代表取締役　　○○○○殿

ワンポイントアドバイス

　うつ病などで体調を崩した労働者が職場復帰するにあたって、会社は、労働者が安全に（安心して）復帰できるように配慮する責任がある（労働契約法５条）。労働者が要求したにもかかわらず、会社が残業や出張の制限などの適切な対応をとらない場合、正式に抗議するとよい。

過労死した従業員の家族による会社に対する損害賠償請求書

請求書

　私の夫○○○○は令和○○年○月○日、勤務中に急性心不全を発症し、直ちに病院へ収容されましたが、翌日死亡致しました。

　夫は、死亡するまでの約半年間、早朝から深夜まで長時間勤務を続けていました。そのため、夫は心身の不調を訴えるようになり、病院で検査を受けるために度々上司の方に休暇をとりたい旨を申し出ておりました。しかし、一度も取り合ってもらえませんでした。

　夫は、身体頑健で病気をしたこともないような人でした。その夫が死亡したのは、貴社が夫に課した苛酷な労働が原因です。よって、夫が死亡したことに伴う損害賠償金○○○○万円の支払いを、貴社に対し請求致します。

　　令和○○年○月○日
　　　東京都○○区○○１丁目２番３号
　　　　　　　　○○○○　　㊞
　　東京都○○区○○３丁目４番５号
　　　　○○株式会社
　　　　代表取締役　　○○○○殿

ワンポイントアドバイス

　長時間労働などによって健康を害し、突然死することを**過労死**という。この場合、安全配慮義務違反や不法行為を基礎づける事情として、書面には会社側の問題点を記載するとよい。また、遺失利益・葬儀費用など費用の内訳を書くとより具体的になる。この詳細については、弁護士などの専門家に相談するとよい。

労災を申請しない会社に対する抗議書

抗議書

　私は貴社の従業員として令和○○年○月○日から製造工として勤務しておりましたが、同年○月○日に工場内に積み上げていた荷物が私の方に落下し、私は左足大腿骨を骨折する重傷を負いました。

　治療費は労働災害として労災保険から支給されると考えていたのですが、代表取締役社長である貴殿からは「取引先の評判を落したくないから労災申請や労基署への報告しない。治療費は私個人が出す」との説明を受けました。

　貴殿のこのような行為は労働災害を不当に隠ぺいする行為であり、私としては到底容認できるものではありません。速やかに労災申請をして頂くことをお願い致します。

　　　令和○○年○月○日
　　　　東京都○○区○○１丁目２番３号
　　　　　　　○○○○　　㊞
　　　東京都○○区○○３丁目４番５号
　　　　　○○株式会社
　　　　　代表取締役　　○○○○殿

ワンポイントアドバイス

　労災申請は従業員がすることも可能なので、労働基準監督署で相談するとよい。従業員が労働中に死傷した場合（労災に限らない）、会社は労働基準監督署に労働者死傷病報告を提出する義務を負い、これを行わないことを労災隠しという。労災隠しは犯罪なので（労働安全衛生法120条５号）、この点も従業員として抗議する必要がある。

解雇権濫用についての抗議書

抗議書

　私は、令和○○年○月○日付で、貴社より懲戒解雇処分を受けました。しかし、貴社が解雇事由として指摘した秘密漏えいという内容は、私には身に覚えのないことです。確かに貴社の書類等を私が持ち出し、自宅で作業したことは事実ですが、それらは既に貴社に返還しています。また、この作業は上長の命令によるものであり、持ち出した書類は社外秘扱いでもありません。

　ですから、私に対する解雇という処分はあまりに厳しいものであり、正当な処分ではありません。貴社の懲戒解雇処分は、解雇権を濫用したものといえます。

　よって、貴社のこの処分は無効であることを主張し、懲戒解雇の撤回を求めます。

　　令和○○年○月○日
　　　東京都○○区○○１丁目２番３号
　　　　　○○○○　　㊞
　　東京都○○区○○３丁目４番５号
　　　　○○株式会社
　　　　代表取締役　　○○○○殿

ワンポイントアドバイス

　従業員の解雇や従業員に対する懲戒は、客観的に合理的な理由を欠き、社会通念上相当でない場合は、解雇権濫用や懲戒権濫用として無効である（労働契約法16条・15条）。懲戒解雇処分は、解雇と懲戒が結合した最も重い処分なので、重い処分に見合った事由でない限り、合理的理由を欠く不相当な処分として無効となる。

自主退職の勧奨と解雇についての抗議書

抗議書

　私は、令和○○年○月○日から貴社の営業
部の従業員として勤務している者ですが、同
年○月頃から頻繁に退職を強要されておりま
す。具体的には、人事部から呼出しを受け、
月内で自主退職するように迫られています。
私が拒否したところ、自主退職しなければ５
０日以内に解雇する旨を通告されただけでな
く、面談中に高圧的な発言をするなどの暴力
的な行為も行われております。

　このような退職勧奨は労働契約法第１６条
に反する不当な行為であり、退職強要行為を
やめるよう、抗議致します。もし、貴社の対
応に改善が見られない場合には、法的措置も
検討しておりますので、ご承知おき下さい。

　　令和○○年○月○日
　　　東京都○○区○○１丁目２番３号
　　　　　　　　○○○○　　㊞
　　東京都○○区○○３丁目４番５号
　　　○○株式会社
　　　代表取締役　　○○○○殿

ワンポイントアドバイス

　退職勧奨は使用者による労働契約の合意解除の申込みにすぎず、解雇とは
異なる。退職勧奨に労働者が応じれば、解雇権濫用（前ページ）の適用を回
避できるが、労働者はこれに応じる義務がない。会社が退職勧奨を迫ってく
るときは、内容証明郵便で抗議し、労働組合、１人でも加入できるユニオン
（企業外労働組合）、都道府県労働局、労働基準監督署などに相談するとよい。

整理解雇を通告された場合の解雇撤回についての要求書

　　　　　　　　　　要求書

　私は平成○○年○月○日に貴社に入社し、令和○○年○月○日からは貴社営業部に勤務している者ですが、先月貴社人事部から連絡を受け、整理解雇する旨の通告を受けました。

　明確な説明もなくこのような通告を受けても私としては納得することができず、入社以来１５年間粉骨砕身懸命に勤続してきた会社をこのような形で去るのは本意ではありません。また、貴社に人員整理の必要性があるとしても、この数年間で常に営業成績上位を維持してきた私がなぜ対象者となるのかがわからず困惑しております。

　私と致しましてはこの度の整理解雇は到底承服することができませんので、解雇の撤回を要求致します。

　　令和○○年○月○日
　　　　東京都○○区○○１丁目２番３号
　　　　　　　　○○○○　　㊞
　　東京都○○区○○３丁目４番５号
　　　　○○株式会社
　　　　代表取締役　○○○○殿

ワンポイントアドバイス

　合理的な理由がなく、社会的に見て妥当でない**整理解雇（リストラ）**は、解雇権濫用として無効である。解雇通告を受けた側は、撤回要求をすることを検討すべきである。撤回されるケースもあるので、粘り強い交渉が必要である。

セクハラの被害者による会社に対する損害賠償請求書

請求書

　私は入社以来、貴社の営業部で働いてきましたが、令和○○年○月○日頃より、営業課長である△△△△氏から、身体に触れられるなどの性的嫌がらせを受けるようになりました。私が同氏に性的嫌がらせをやめるよう要求してもやめなかったため、△△△△氏の上司である○○○○部長に対し、改善措置をとるよう求めましたが、誠意ある対応がありませんでした。

　その後も、△△△△氏の性的嫌がらせは続き、私は、令和○○年○月○日を以て貴社を退職せざるを得なくなりました。私の退職は、適切な改善措置を講じなかった貴社の責任によるため、私は貴社に損害賠償として○○○万円の支払い請求致します。

　　令和○○年○月○日
　　　東京都○○区○○１丁目２番地３号
　　　　　　　　○○○○　　㊞
　　東京都○○区○○３丁目４番５号
　　　　○○株式会社
　　　　代表取締役　　○○○○殿

ワンポイントアドバイス

　セクシャルハラスメント（セクハラ）への対策を講じることは会社の義務である（男女雇用機会均等法11条）。セクハラは不法行為にあたるため、加害従業員に対し損害賠償請求ができる他、会社にも使用者責任（民法715条）に基づき損害賠償請求ができる。

パワハラの被害者による会社に対する労災申請の請求書

請求書

　私は令和○○年○月より当社の営業部に勤務していた者ですが、令和○○年○月頃から上司である○○氏の言動により、心療内科で重度のうつ病と診断されるに至りました。

　具体的には、「君のような仕事ができない人間はいらない。死んだ方がいいのではないか」といった言動が繰り返し行われ、一日中社内の掃除をさせられることもしばしばありました。その後徐々に頭痛や体調不良を催すようになり、病院で受診したところ、上記の診断がなされるに至りました。

　○○氏の業務中のこのような言動は私の人格と尊厳を不当に害する行為であり、労働災害に該当するものと考えます。つきましては、当社には労災認定の申請を速やかに行って頂きますよう、請求致します。

　　令和○○年○月○日
　　　東京都○○区○○１丁目２番３号
　　　　　　　○○○○　　㊞
　　東京都○○区○○３丁目４番５号
　　　　○○株式会社
　　　　代表取締役　　○○○○殿

ワンポイントアドバイス

　パワーハラスメント（パワハラ）とは、権限や地位を利用した嫌がらせである。パワハラにより心身に悪影響が生じた場合には、内容証明郵便で労災申請を会社に請求するのがよいだろう。

マタハラ被害者による会社に対する 指導・管理を求める通知書

通知書

　私は、当社の営業部に勤務している者ですが、令和○○年○月頃、産前休業の取得を致しました。しかし、上司である○○氏は、「迷惑なので、産前休業の取得申請を取り下げてほしい」、あるいは、「妊娠したのなら会社を辞めてほしい」などの、産前休業取得を阻害する言動を繰り返しております。

　○○氏の言動は、マタニティハラスメントに該当する行為であり、業務の遂行に支障が生じるとともに、私自身の体調に悪影響を及ぼす可能性がございます。○○氏の言動に対して、速やかに適切な指導と管理を要求致します。

　　令和○○年○月○日
　　　東京都○○区○○１丁目２番３号
　　　　　　　○○○○　　㊞
　　東京都○○区○○３丁目４番５号
　　　○○株式会社
　　　代表取締役　　○○○○殿

ワンポイントアドバイス

　マタニティハラスメント（マタハラ）とは、労働者の妊娠・出産に伴って行われる、差別や嫌がらせをいう。具体的には、妊娠・出産した労働者を降格させるなどの不利益な取り扱いを行ったり、あるいは、本書式に掲載したような、産前休業などの制度の利用に対する嫌がらせなどが挙げられる。最近では男性労働者に対するマタハラも行われている。会社に対して、内容証明により、マタハラ行為を行った者に対する指導を求めることが有効である。

文例25

アカハラの被害者による大学に対する損害賠償請求書

請求書

　私は○○大学経済学部経営学研究科第三研究室で専任講師として勤務している者ですが、同科科長である○○教授から度重なる嫌がらせを受けています。

　そのため、令和○○年○月○日に当大学に改善を求めて要望書を提出したのですが、それ以後も一向に嫌がらせは収まらず、最近では私の人格を不当に傷つける発言もなされ、心療内科に通院する事態に至っております。このような事態に至りましたのは、当大学が雇用者に働きやすい環境を整備する義務があるにもかかわらず、それを怠った点にあると考えます。

　つきましては損害賠償として○○万円を請求させて頂きます。

　　　令和○○年○月○日
　　　　東京都○○市○○１丁目２番３号
　　　　　○○大学経済学部専任講師
　　　　　　　○○○○　　㊞
　　　東京都○○区○○○３丁目４番５号
　　　　○○大学
　　　　学長　　○○○○殿

ワンポイントアドバイス

　アカデミックハラスメント（アカハラ）とは、教育や研究の場における権限や地位を利用した嫌がらせで、教授が加害者となりやすい。他方、准教授や講師の他、学位や単位認定に関して学生や大学院生が被害者となりやすい。また、セクハラ（113ページ）が同時に行われるケースも多い。

第5章

家族・相続などに関する
トラブル

婚約を破棄された者から相手に対する慰謝料請求書

請求書

　私は貴殿との結婚のために会社を退職し、結婚の準備をして参りました。ところが貴殿は、挙式直前に一方的に婚約を破棄する旨を通告してきました。貴殿のこのような行為によって、私は周囲から好奇の目で見られ、著しく精神的苦痛を被りました。

　よって貴殿に対し、婚約の不当破棄に伴う損害賠償金○○万円を、本書面を以て請求致します。

　なお、本書面到達後２週間以内に貴殿より誠意ある回答が得られない場合には、法的手続をとる覚悟でおりますので、その旨申し添えておきます。

令和○○年○月○日
　東京都○○区○○１丁目２番３号
　　　　　○○○○　㊞
東京都○○区○○３丁目４番５号
　○○○○殿

ワンポイントアドバイス

　婚約とは、将来的に婚姻（結婚）することを約束する契約なので、当事者双方は婚姻をする義務がある。婚約破棄は義務違反にあたるため、一方的に婚約破棄をされた場合には、財産上及び精神上の損害について賠償を請求できる。また、結婚式の準備にかかった費用についても支払いを請求できる。

　なお、文例では会社を辞めているので、働いていれば得られた給与額を上乗せして請求することも考えられる。

妻が夫に対して別居後の生活費用を求める場合の請求書

請求書

　私はあなたと婚姻関係にありましたが、徐々にお互いの生活にすれ違いが生じたため、協議の上、およそ9か月前に別居することを決めました。その際、離婚するかどうかが決まるまでは私と2人の子の生活費を負担してくれると約束したはずなのですが、別居後3か月ほどしてから、生活費の支払いが滞るようになりました。電話であなたに通告しても話をはぐらかされ、最近は電話にも出てもらえません。

　あなたの行為は民法第760条の婚姻費用の分担義務に反する行為でもあり、一刻も早く生活費をお支払い頂けますよう請求致します。本書面到達後7日が経過しても連絡がない場合には、専門家の先生とご相談の上、法的措置をとる覚悟でおりますのでご承知おき下さい。

　　令和○○年○月○日
　　東京都○○区○○1丁目2番3号
　　　　　　○○○○　　㊞
　　東京都○○区○○3丁目4番5号
　　　　　○○○○殿

ワンポイントアドバイス

　夫婦には生活に必要な費用（婚姻によって発生した費用＝婚姻費用）を分担しあう義務があり、この義務は別居中でも継続する。この義務違反の場合には内容証明郵便で請求する他、弁護士などにも相談し、家庭裁判所に調停の申立てを行うことも検討する。

妻から夫に対する協議離婚の申入書

申入書

　私たちは、結婚して既に１０年になります
が、この間、いろいろな点ですれ違いが生じ
、結婚生活を続けていくことが困難であるこ
とはあなたもお気づきのことと思います。

　別居をした上で、慎重に考えた末のことで
すが、私としてはもうやり直すことは不可能
ではないかと考えております。むしろ、ここ
で離婚をして互いに別の人生を歩んだほうが
私だけでなく、あなたにとっても幸せだろう
と思います。

　つきましては、離婚に向けての話し合いを
行いたいと思いますので、近日中にご連絡下
さい。

　　令和○○年○月○日
　　　　東京都○○区○○１丁目２番３号
　　　　　　　　○○○○　　㊞
　　東京都○○区○○３丁目４番５号
　　　　○○○○殿

ワンポイントアドバイス

　話し合いによる離婚形式を**協議離婚**という。離婚形式については、他にも
裁判所が介入する**調停離婚**と**裁判離婚**があるが、当事者同士で話し合う協議
離婚が最も件数が多い。

　文例は、別居をしている妻が、夫に対して離婚の話し合いを求めるもので
ある。このような文書を送ることで、相手方に真剣さを伝え、解決に向けた
処理を進めさせる効果が期待できる。

文例04

離婚による妻から夫に対する財産分与請求書

請求書

　令和○○年○月○日に、あなたと離婚の話し合いを持ちました。そのとき、あなたの離婚の意思が固いことが、はっきりとわかりました。

　あなたが家を出てから約半年になりますが、私はもう一度やり直せるものと思っていました。

　しかし、家庭裁判所に離婚調停を申し立てることも検討しているあなたの決意を考えると、もはや、離婚を避けることはできないのだという結論に達しました。

　つきましては、離婚にあたり、これまで2人が互いに築いてきた財産の分与として金○○○万円、さらに、慰謝料として金○○○万円の支払いを請求します。

　　令和○○年○月○日
　　　東京都○○区○○1丁目2番3号
　　　　　　　○○○○　　㊞
　　東京都○○区○○3丁目4番5号
　　　○○○○殿

ワンポイントアドバイス

　財産分与とは、離婚に際して夫婦が築いてきた財産を分けることをいう。離婚により生活が苦しくなる相手の生活を扶養するためになされる側面もある。文例では、離婚にあたり財産分与と慰謝料を請求している。相手方が有責であれば（不倫をしている場合など）、慰謝料（精神的苦痛に対する賠償金）もあわせて請求するとよい。

夫の浮気相手に対する交際中止の申入書

申入書

　あなたと私の夫は令和○○年○月頃より交際を始め、不倫関係を続けています。あなたの行為は、平穏で円満な夫婦生活を脅かすものです。

　したがって、あなたに対し、私の夫との交際を一切中止することを要求するとともに、これまでのあなたの不貞行為に対して慰謝料○○○万円の支払いを要求致します。

　なお、本書面到達後2週間以内に、あなたから誠意のある回答が得られない場合には、あなたの不貞行為について、裁判所に訴える用意があることをご承知下さい。

　　令和○○年○月○日
　　　東京都○○区○○1丁目2番3号
　　　　　　　　　○○○○　　㊞
　　東京都○○区○○3丁目4番5号
　　　　○○○○殿

■ ワンポイントアドバイス

　不倫（浮気）は精神的苦痛を伴うものなので、妻は、夫の不倫相手に対して慰謝料を請求することができる。ただし、文例のケースでは、不倫相手が夫を独身だと思っていた場合や、夫が不倫相手に独身だといってだましていた場合には、慰謝料を請求するのが難しくなる。当然ながら、妻は不倫した夫に対しても慰謝料を請求できる。

　内容証明郵便の文面は、感情的にならないようにする必要があるが、相手の不貞行為を理由に、裁判所に対し損害賠償を請求する訴訟を起こす意思を示すなど、断固とした態度を示すとよい。

母親の父親に対する子の認知請求書

認知請求書

　私とあなたは、令和○○年○月頃から令和○○年○月頃まで同棲をしていましたが、その後、理由あって別れることになりました。

　別れる前に、私はあなたに妊娠していることと、生まれる子を認知してもらいたい旨をお伝えしました。しかし、別れた後は、あなたから誠意のある回答どころか、一切の連絡を頂いておりません。その後、男子が出生し、そのことも既にあなたにはお伝えしています。しかし、いまだにあなたからは何の回答も得られておりません。

　つきましては、生まれてきた子の認知を請求致します。本書面到達後２週間以内に、あなたからの誠意のある回答を頂きたく存じます。なお、万一、この期間内にあなたから回答が得られない場合には、法的な手段に訴える用意があることをご承知おき下さい。

　　令和○○年○月○日
　　　東京都○○区○○１丁目２番３号
　　　　　　　○○○○　　㊞
　　東京都○○区○○３丁目４番５号
　　　　○○○○殿

ワンポイントアドバイス

　婚姻関係にない男女から生まれた子を非嫡出子という。認知とは、非嫡出子の親がその子を自分の子と認める意思表示である。文例は、相手の意思に基づいた認知（任意認知）を求めるものだが、もし相手が認知しない場合には、家庭裁判所に認知を求める調停の申立てができる（強制認知）。

別れた妻に子との面会を要求する場合の通知書

通知書

　私は、令和○○年○月○日、あなたと離婚をしました。離婚時の話し合いにより、息子の○○はあなたが引き取ることになりましたが、その条件として、私は週末には、必ず○○と会うことができることとしました。

　しかし、離婚以来、あなたは私が○○と会うことを拒否してきました。

　これまでは、○○のことを考え、我慢してきましたが、もし、今後も○○に会わせないようであれば、家庭裁判所に対して面会交流調停の申立てを行いたいと思っています。

　どうか、私の要求に従ってくれるようお願い致します。

　　令和○○年○月○日
　　　東京都○○区○○1丁目2番3号
　　　　　　　○○○○　　㊞
　　　東京都○○区○○3丁目4番5号
　　　　　○○○○殿

ワンポイントアドバイス

　離婚後または別居中に、子を養育していない方の親が子に会うことを面会交流という。子を養育していなくても、親であることには変わりがないため、親には子と会う権利がある。もし、面会交流に応じないような場合には、家庭裁判所に面会交流を求める調停の申立てができる。

別れた夫に子の引渡しを求める要求書

要求書

　私達は、離婚することについては合意が成立致しました。しかし、息子である○○の親権者の決定をめぐって対立し、家庭裁判所に調停を申し立てることになりました。

　そして、調停が成立するまでは、一応あなたが○○を預かるという約束でした。

　この度、調停が成立し、○○の親権者は私であることが決定しました。従いまして、○○を、速やかに親権者である私にお引渡し頂くよう要求致します。

　　　令和○○年○月○日
　　　　東京都○○区○○１丁目２番３号
　　　　　　　　○○○○　　印
　　　東京都○○区○○３丁目４番５号
　　　　○○○○殿

ワンポイントアドバイス

　子の引渡しを求める場合は、どのような根拠に基づくのかを記載する。文例では、離婚調停が成立しているのに、親権者でない相手が子を引き渡していない状況を想定している。それでも状況に変化がなければ、強制執行の申立てを検討する。強制執行としては、直接強制（裁判所に所属する執行官が相手から子を取り上げること）または間接強制（子を引き渡さないときは１日当たり一定の金銭の支払いを命ずること）がとられる。直接強制に際し、子の年齢によっては、その子自身の意思の尊重も必要である。

元妻の元夫に対する子の養育費の支払請求通知書

通知書

　私とあなたは、令和○○年○月○日○○家庭裁判所で調停離婚を致しました。その際、あなたは長男△△の養育費として１か月あたり金１０万円を支払うことを約束しました。

　ところがあなたは、離婚成立直後の３か月は養育費を支払ってくれていたものの、その後は支払いが遅れ、１年前からはまったく支払いがなされていません。そのため、現在１年分計１２０万円が滞納されております。

　よって、本書面到達後２週間以内に滞納分をお支払い下さいますよう請求致します。

　万一、上記期間内にお支払いのない場合には、法的手続きをとる所存であることをご承知おき下さい。

　　　令和○○年○月○日
　　　　東京都○○区○○１丁目２番３号
　　　　　　　　○○○○　　㊞
　　　東京都○○区○○３丁目４番５号
　　　　　　○○○○殿

ワンポイントアドバイス

　文例は、元妻が元夫に養育費の支払いを請求する場合である。離婚調停で養育費を決めた場合は、そこでの合意を根拠に請求すればよく、支払いがなければ強制執行の手続が可能である。他方、協議離婚で養育費を決めた場合にも、相手に養育費支払義務はあるが、強制執行の手続をするには、訴訟を提起して勝訴判決を得ることが必要である。

元妻から元夫への養育費の増額請求書

請求書

　あなたからは、長女○○の養育費として、毎月金○万円頂いております。令和○○年○月○日に協議離婚が成立して以来、一度も欠かすことなく、養育費を支払って下さることについては大変感謝しています。

　あなたも聞いているかと思いますが、この度、長女○○の大学進学が決定致しました。大学は私立で、かなり高額の授業料がかかります。私の収入とあなたに毎月頂いている養育費○万円では、とても充分ではありませんが、大学に行かせることができません。

　そのため、大変、申し訳ないのですが、養育費を月○○万円に増額して頂けるよう、お願い申し上げます。

　　令和○○年○月○日
　　　東京都○○区○○１丁目２番３号
　　　　　　　　○○○○　　印
　　東京都○○区○○３丁目４番５号
　　　　○○○○殿

ワンポイントアドバイス

　文例は、長女の大学進学に伴って、毎月支払ってもらっている養育費の増額を請求するケースである。養育費の増額については、家庭裁判所に調停の申立てをすることもできるが、話し合いで解決するのが最もよい。そのため、通知にはどのような理由で増額してほしいのかを記載し、相手に理解してもらいやすいようにする。

ある相続人から他の相続人に対する
遺産分割協議の申入書

申入書

　令和○○年○月○日に父が亡くなり、３か月が過ぎようとしています。

　そろそろ、父が残した財産の整理について、兄弟の間で話し合いをする時期かと思います。そこで、令和○○年○月○日に、私の自宅で協議を行いたいと思います。

　もし、この日に都合が悪いようでしたら、ご一報下さい。宜しくお願い致します。

　　令和○○年○月○日
　　　　東京都○○区○○１丁目２番３号
　　　　　　　○○○○　　㊞
　　　東京都○○区○○３丁目４番５号
　　　　　○○○○殿

ワンポイントアドバイス

　遺言で遺産の分割方法が指定されていない限り、相続人同士で、遺産の分け方（**遺産分割**）を決めることができる。遺産分割は相続人全員で行わなければならないので、まずは相続人全員を集める必要がある。この場合、電話や通常のハガキで遺産分割協議をする旨を伝えてもよいが、確実に相手に伝える手段として、内容証明郵便を利用したほうが確実である。

　遺産分割は、原則として自由にできるが、遺産分割を禁止する旨の遺言があった場合、または相続人同士で遺産分割を禁止した場合には、例外として遺産分割ができない。ただし、遺産分割の禁止期間は５年を超えることはできない（民法256条、908条）。

他の相続人に対する遺留分侵害額請求

通知書

　亡父は、令和○○年○月○日付公正証書遺言により、長男である貴殿に対し、唯一の遺産である東京都○○区○○町2丁目3番所在の土地・建物を相続させました。

　しかし、私は、亡父の長女として、遺産の4分の1について遺留分を有しています。

　上記遺言は、私の遺留分を侵害しておりますので、私は、貴殿に対して遺留分侵害額請求を行います。つきましては、遺留分侵害額である○○○○万円（本件土地・建物の評価額の4分の1相当額）を、本書到達後1週間以内に、下記振込口座にお支払いください。

　　　　○○銀行○○支店
　　　　普通0000000　　○○○○

　　　令和○○年○月○日
　　　東京都○○区○○1丁目2番3号
　　　　　　　　○○○○　　㊞
　　東京都○○区○○3丁目4番5号
　　　　○○○○　　殿

ワンポイントアドバイス

　平成30年に成立した、いわゆる相続法の改正により、遺留分侵害額請求の制度が設けられた（令和元年7月1日施行）。具体的には、遺留分を侵害された相続人は、遺留分を侵害している他の相続人に対して、相続財産自体の返還ではなく、遺留分侵害額に相当する金銭の支払いを請求することが可能になった。遺留分侵害額請求権は、相続人が行使する意思表示を行うことによって、当然に発生する債権である（形成権という）。

妻が夫の愛人から遺産の一部を取り戻す場合の請求書

　　　　　　　　　　　請求書

　私の亡夫・○○○○は、愛人であるあなた
に対して遺言により、すべての財産を与えま
した。

　しかし、○○○○の妻である私には、夫の
遺産について遺留分があります。

　つまり、あなたに遺贈された財産は、私の
遺留分を侵害するものです。

　そのため、私は遺留分権利者として、本書
面を以てあなたに対して遺留分侵害額請求を
致します。

　　令和○○年○月○日
　　　東京都○○区○○１丁目２番３号
　　　　　　○○○○　　㊞
　　東京都○○区○○３丁目４番５号
　　　○○○○殿

ワンポイントアドバイス

　兄弟姉妹を除いた相続人は、遺産の一定割合を確保することができる。この確保できる財産の割合を遺留分という。相続人が配偶者だけの場合、遺留分は遺産の２分の１となる。遺留分を持っている者（遺留分権利者）は、遺留分を侵害して贈与や遺贈を受けた者に対し、遺留分侵害額請求権（2018年の相続法改正前の遺留分減殺請求権に相当）を行使し、自らの遺留分を回復できる。

　なお、遺留分侵害額請求権は、相続及び遺留分を侵害する贈与や遺贈を知ってから１年で時効消滅する点に注意が必要である。

相続人から相続人でない者に対する相続回復請求書

```
                    請求書
    私の兄である貴殿は、父である○○○○が
死亡したことで開始した相続を理由として、
東京都○○区○○町○丁目○番○号にある建
物を占有しています。
    ところが貴殿は、父の遺言書を偽造したこ
とにより相続欠格者となり、相続をする資格
がありません。
    つきましては、貴殿が占有している上記建
物を私に返還されるよう相続回復請求を致し
ます。


    令和○○年○月○日
        東京都○○区○○１丁目２番３号
                    ○○○○　　㊞
    東京都○○区○○３丁目４番５号
        ○○○○殿
```

ワンポイントアドバイス

　相続人でない者が相続人であるかのように遺産を管理している場合、本当の相続人は、相続人でない者に対して遺産の返還を請求できる。これを相続回復請求という（民法884条）。

　文例は、遺言書を偽造したために相続権を取りあげられた相続欠格者（民法891条）である兄が、父の遺産である建物を占有しているケースである。この場合、本当の相続人である弟（妹）は、相続権を侵害されているので、兄に対して相続回復請求を行うことができる。

遺言執行者から遺贈を受けた者に遺贈条件の履行を促す請求書

請求書

　私は、亡○○○○氏によって選任された遺言執行者です。

　○○○○氏は、遺言の中で、貴殿に対し、東京都○○区○○町○丁目○番○号の土地と建物を遺贈しました。

　○○○○氏は、貴殿に、上記土地と建物を与えるにあたって、毎月金○万円を、△△△△氏に与えることを条件としました。

　しかし、貴殿は、上記土地と建物を譲り受けて以来、一度として△△△△氏に対して、金○万円を与えておりません。

　つきましては、本書面到達後、2週間以内に、これまでの滞納分○○万円を支払い、今後も△△△△氏に、毎月金○万円を支払って頂くようお願い致します。

　なお、お支払がない場合には、家庭裁判所に、遺贈の取消しを請求致しますことを申し添えておきます。

　　令和○○年○月○日
　　　東京都○○区○○1丁目2番3号
　　　　遺言執行者　　○○○○　　㊞
　　東京都○○区○○3丁目4番5号
　　　○○○○殿

ワンポイントアドバイス

　遺贈（遺言によって財産を無償で譲渡すること）の際に、一定の条件（義務）をつけることがある（負担付遺贈）。その条件を満たさない場合、相続人や**遺言執行者**は、期間を定めてその条件を満たすように催告することができる。それでも義務が果たされない場合は、家庭裁判所対し、負担付遺贈に関する遺言の取消しを請求できる（民法1027条）。

財産管理人に対する財産管理の委任解除請求書

請求書

　貴殿には、約３年間、祖母の財産管理を任せておりましたが、貴殿の財産管理は非常にずさんで、使途不明金も多額にのぼります。

　そのため、祖母の財産管理監督人である私としては、貴殿に祖母の財産管理を委任することは適切でないと考えました。したがって、令和○○年○月○日を以て委任契約を解除致します。

　なお、本書面到達日から１か月以内に、祖母の財産目録を下記住所に送付して下さるようお願い致します。

　　令和○○年○月○日
　　　　東京都○○区○○１丁目２番３号
　　　　　財産管理監督人　　○○○○　　㊞
　　東京都○○区○○３丁目４番５号
　　　　○○○○殿

ワンポイントアドバイス

　判断能力を失った高齢者に代わって財産管理などを行う場合、任意後見契約が有効だが、裁判所が後見監督人を選任するまでは機能しない。そこで、その間を埋める方策として財産管理等の委任契約が有効である。委任契約はいつでも解除することができ、解除の理由を問わない。

　もっとも、財産管理の委任の当事者は祖母と財産管理人なので、当事者でない孫には委任の解除権がないはずである。しかし、祖母が孫に対し、財産管理監督人の地位とともに、委任の解除権を与えていれば、孫は祖母のために解除権を行使できる。文例はこのケースである。

文例17

分割がすんでいない遺産の処分差止請求書

　　　　　　　　　　　請求書

　令和○○年○月○日に、△△△△が死亡致しました。まだ、亡くなってから日が浅いこともあり、開始した相続については、遺産分割を行っておりません。そのため、△△△△の遺産は、我々相続人の共有状態にあります。

　そんな中で、貴殿は、自分が住んでいる東京都○○区○町○丁目○番○号の土地建物を売却しようとしています。

　上記の土地建物は、貴殿が占有しているものの、登記名義も実質的な所有者も△△△△のものでした。つまり、上記の土地建物は、現在、我々相続人の共有物といえます。

　そのため、遺産分割協議により、分割がなされるまでは、処分をしないようお願い致します。

　　令和○○年○月○日
　　　　東京都○○区○○１丁目２番３号
　　　　　　　　○○○○　　㊞
　　東京都○○区○○３丁目４番５号
　　　　　○○○○殿

■ ワンポイントアドバイス

　遺産のうち不動産・動産・預貯金・現金などは、遺産分割が行われるまで、各々が相続人全員の共有になるため（持分は相続分による）、各相続人は遺産を勝手に処分（売却など）できない（ただし、2018年の相続法改正により、相続人の資金需要に配慮し、預貯金の一定割合の払戻しは可能になった）。勝手に遺産を処分しようとする相続人がいれば、速やかに差止請求をすべきである。なお、2018年の相続法改正により、遺産に属する財産を処分した相続人以外の相続人全員が同意した場合、処分された財産を遺産に組み戻すことが可能になった。

134

遺言執行者の指定を委任された者の相続人に対する通知書

通知書

　私は、令和○○年○月○日に、亡くなった○○○○氏の遺言により、遺言執行者の指定を委任された者です。

　この度、下記の者を遺言執行者として指定致しましたので、ご通知致します。

記

東京都○○区○○町○丁目○番○号

昭和○○年○月○日生

○○○○

令和○○年○月○日

　　東京都○○区○○１丁目２番３号

　　　　　　　　○○○○　㊞

東京都○○区○○３丁目４番５号

　　○○○○殿

ワンポイントアドバイス

　被相続人が残した遺言内容を実現する権限のある人を遺言執行者（法律用語としての遺言は「いごん」と読む）という。被相続人は、遺言で遺言執行者を指定することもできるし、遺言執行者の指定を第三者に委任（委託）することもできる。

　相続人に遺言内容を実現させる手続きなどを行わせると、相続人が勝手に遺産を自分名義にしてしまったり、他人に売却したりするおそれがある。そうした事態を防止するため、信頼の置ける人に遺言執行者を指定するよう委任しておくことで、被相続人が望んだ相続内容を実現可能なものにしている。

　文例は、遺言執行者の指定を委任された第三者が、遺言執行者を指定した後、その旨を相続人に通知するものである。

生存配偶者の短期居住権を理由として
受遺者の退去請求を拒否する通知書

通知書

　貴殿は、令和○○年○○月○○日に死亡した△△△△の遺言により、下記建物の所有権を取得されました。私は、△△△△の配偶者であり、相続開始時点で、△△△△所有の同建物に無償で居住しておりました。

　よって、私は配偶者短期居住権を取得しております。貴殿は令和○○年□□月□□日付で、私に対して、同建物からの退去を請求されましたが、私は配偶者短期居住権により、同建物を引き続き使用することが可能です。つきましては、貴殿の退去請求を拒否致したく、その旨を通知申し上げます。

物件の表示

所　　在　　○○県○○市○区○丁目○番地○
家屋番号　　○番○
種　　類　　居　宅
構　　造　　鉄筋コンクリート造１階建
床面積　　５２．５㎡

令和○○年△月△日
○○県○○市○○区○丁目○番○号
　　　　　　　　　　　　　○○○○　㊞
○○県○○市△△区○丁目□番□号
　　　　　　○○○○　殿

ワンポイントアドバイス

　2018年の相続法改正により、生存配偶者が相続開始時点で被相続人所有の建物に無償で居住していた場合、①生存配偶者を含む共同相続人で遺産を分割すべき場合は遺産分割終了時まで、②その他の場合は建物取得者が居住権の消滅の申入れをした日から６か月が経過する時まで、引き続き無償で建物を使用可能になった（配偶者短期居住権）。

生存配偶者の長期居住権を理由として遺産分割終了後に所有権を取得した相続人の退去請求を拒否する通知書

通知書

　貴殿は、令和○○年○○月○○日に死亡した被相続人△△△△の相続人であり、被相続人所有の下記建物につき、遺産分割協議によって所有権を取得されました。私は、△△△△の配偶者であり、相続開始時点で、同建物に居住しておりました。そして、被相続人の遺言により、私には終身の配偶者居住権があり、今後も同建物の無償での使用収益が可能です。

　貴殿は同年□□月□□日付で、私に対して、同建物からの退去を請求されましたが、本通知を以て配偶者居住権により同退去請求を拒否致します。

物件の表示

所　　在　　○○県○○市○区○丁目○番地○
家屋番号　　○番○
種　　類　　居　宅
構　　造　　鉄筋コンクリート造１階建
床面積　　５２．５㎡

令和○○年○月○日
○○県○○市○○区○丁目○番○号
　　　　　　　　　　　○○○○　　㊞
○○県○○市△△区○丁目□番□号
　　　　　○○○○　殿

ワンポイントアドバイス

　2018年の相続法改正により、生存配偶者が相続開始時点で被相続人所有の建物に居住していた場合に、遺産分割協議または遺贈などに基づいて、原則的に終身にわたり、引き続き無償で建物の使用収益が可能になった（配偶者居住権）。配偶者居住権は建物の所有者にも主張できる。文例は所有者からの建物退去請求を拒む際に用いる。

相続人以外の親族による特別の寄与を理由とする金銭の支払請求書

請求書

　私は、令和○○年８月１０日に死亡した△△△△の長男（令和○○年３月１４日死亡）である□□□□の配偶者であり、△△△△が死亡するまでの１０年間にわたり、△△△△と同居し、勤めていた会社を辞職の上で、療養看護に専念して参りました。義父△△△△の日常生活に必要な財産管理を行うとともに、療養看護に必要な医療費等の経費については、もっぱら私個人が有する財産を充て、義父△△△△の財産の維持に努めました。したがって、私は民法１０５０条１項に規定する、特別寄与者に該当するものです。

　つきましては、被相続人である義父△△△△の相続人である貴殿に対して、被相続人△△△△の療養看護に充てた金銭に相当する金額２００万円について、特別寄与料として、お支払い頂きたく、ここに請求致します。

令和○○年△月△日
　　　　　○○県○○市○○区○丁目○番○号
　　　　　　　　○○○○　　㊞
○○県○○市△△区○丁目□番□号
○○○○　殿

ワンポイントアドバイス

　2018年の相続法改正により、相続人以外の親族（６親等内の血族か３親等内の姻族にあたる者）が、相続人に対し、特別寄与料を請求することが認められた。つまり、被相続人の生前に無償で行った療養看護などによって、被相続人の財産の増加や維持に貢献した相続人以外の親族（特別寄与者）は、相続人に対して、自らの貢献分に相当する金銭（特別寄与料）の請求ができる。特別寄与料の金額などについて当事者間で協議が調わない場合は、家庭裁判所に協議に代わる処分を求めることができる。なお、内縁の配偶者は特別寄与者にあたらない。

第6章

事故・事件・権利侵害などに関するトラブル

交通事故の被害者の加害者に対する損害賠償請求書

損害賠償請求書

　貴殿は、令和○○年○月○日午後○時○分頃、普通乗用自動車を運転して、東京都○○区○○×丁目×番地先路上の信号機のある交差点を右折しようと進行中に、同所の横断歩道を自転車に乗って走行していた私に、貴殿が運転する前記自動車を衝突させ、私に右第6肋骨骨折及び頭部挫傷などの傷害を負わせました。この事故は、貴殿の前方不注意によるものであることは、当日の警察の実況検分及び貴殿の証言から、明らかです。

　したがって、貴殿に対し、私が被った損害賠償として○○○万円の支払いを請求致します。

　　令和○○年○月○日
　　　東京都○○区○○１丁目２番３号
　　　　　　○○○○　　㊞
　　東京都○○区○○３丁目４番５号
　　　○○○○殿

ワンポイントアドバイス

　交通事故の被害者は加害者に対して、**不法行為**に基づく損害賠償を請求することができる。不法行為として認められるには、相手方に故意または過失による行為（不作為も含む）があることが必要になるので、「前方不注意だった」「居眠り運転だった」など、損害をもたらす原因となった相手の故意または過失にあたる行為を必ず記載する。

　なお、損害賠償額については内訳を細かく記載すると、加害者を納得させる材料になる。

交通事故の被害者から加害者の勤める会社への損害賠償請求書

損害賠償請求書

　令和○○年○月○日午後○時○分頃、私は普通乗用自動車を運転して、東京都○○区○○町先路上で信号待ちをしていました。そのとき、貴社の従業員△△△が運転する貴社所有の乗用車が、私の自動車の後部に追突しました。この事故は、△△△の前方不注意によるものです。貴社は、右車両を運行の用に供していた者ですから、同車両による人身事故につき損害賠償責任があります。

　つきましては、私が被った損害の合計として○○○万円の支払いを請求致します。

　令和○○年○月○日
　　　東京都○○区○○１丁目２番３号
　　　　　　○○○○　　㊞
　東京都○○区○○３丁目４番５号
　　　○○株式会社
　　　代表取締役　　○○○○殿

ワンポイントアドバイス

　加害者が勤める会社は**運行供用者**である。運行供用者とは、自動車の使用についてコントロールを及ぼし、利益を得ている者である。具体的には、自分が所有する車を運転した場合には、その本人が運行供用者であるが、社用車の運転手が事故を起こした場合には、所有者である会社も運行供用者となる。

　運行供用者には、事故の被害者に損害を賠償する責任がある。他人に個人所有の車を貸した場合は、その所有者も損害賠償責任を負うこともある。

後遺症が発症した場合の被害者から加害者に対する通知書

通知書

　私は、令和○○年○月○日午後○時○分頃、貴殿の運転する普通乗用自動車に後部から追突され、令和○○年○月○日付で、私の普通乗用自動車の修理代金として、貴殿が○○万円を私に支払うとの内容の示談を致しました。

　しかし、事故から２週間を経過した頃、病院で検査しましたところ、脳内出血が発覚し、上記事故による後遺症であるとの診断が下されました。

　前記の示談には、後遺症に関する賠償は含まれておりませんでしたので、私は、この後遺症に対する治療費等については、改めて請求させて頂きたいと考えております。つきましては、後遺症について貴殿と話し合いの機会を持ちたいと存じますので、ご連絡頂きたくご通知申し上げます。

　　令和○○年○月○日
　　　　東京都○○区○○１丁目２番３号
　　　　　　　　○○○○　　㊞
　　東京都○○区○○３丁目４番５号
　　　　○○○○殿

ワンポイントアドバイス

　事故を起こした場合、互いに早期の解決を望むため、すぐに示談ですませる場合が多い。しかし、示談成立後に後遺症が出ることがある。後遺症が出た場合には、それが以前からの持病ではなく、事故が原因で発症したものであることを必ず記載しておく。

被害者の過失による賠償額の減額を要請する申入書

> 申入書
>
> 　私は、令和○○年○月○日午後○時○分頃、貴殿の運転する普通乗用自動車に後部から追突し、貴殿に頭部打撲の傷害を負わせました。追突の原因は、私が車間距離を十分にとらなかった点と、私の前方確認が十分でなかった点にあり、貴殿に甚大な損害を負わせてしまった点につきまして心よりお詫び申し上げます。
>
> 　もっとも、私が貴殿の乗用車に追突致しましたのは、やむを得ない事由はなかったにもかかわらず貴殿が急ブレーキをかけたためです。このように、損害が生じた原因として、貴殿のほうにも過失があったものと考えますので、当方の負う損害賠償額を一部減額して頂きますようご配慮をお願い致します。
>
> 　　令和○○年○月○日
> 　　　　東京都○○区○○１丁目２番３号
> 　　　　　　　○○○○　　㊞
> 　　東京都○○区○○３丁目４番５号
> 　　　　○○○○殿

ワンポイントアドバイス

　交通事故の原因が加害者だけでなく、被害者にもあるという事態はよくある。この場合、加害者が損害の全額の賠償をするのは不公平なので、被害者にも過失があったことを明確にする必要がある（過失相殺）。ただ、自分が加害者であることも踏まえて謝罪するなど、記載には注意すべきである。

物損事故の被害者から加害者への損害賠償請求書

請求書

　令和○○年○月○日午後○時○分頃、貴殿が車の運転を誤ったため、その車が私の自宅のガレージに衝突した結果、当方にガレージの一部の破損、及び駐車してあった車の損傷という損害が生じました。

　つきましては修理費として○○万円を損害賠償請求致します。

　　　令和○○年○月○日
　　　　　東京都○○区○○１丁目２番３号
　　　　　　　○○○○　　㊞
　　　東京都○○区○○３丁目４番５号
　　　　　○○○○殿

ワンポイントアドバイス

　被害者にケガがなく、自動車や建物などが破損した事故を**物損事故**といい、被害者がケガをした場合の**人身事故**と区別している。

　自動車損害賠償保障法（自賠責法）では、強制的に加入させられる自動車損害賠償責任保険（自賠責保険）について規定しているが、物損事故の場合は人身事故と異なり、自賠責法は適用されない。

　加害者が対物保険（自動車や物を破損した場合の保険）に加入していた場合には大きな問題はないが、加入していない場合には、文例のように損害賠償を請求した上、訴訟などの法的措置を検討することになる。

メーカーに製造物責任を追及する場合の請求書

請求書

　私は貴社製造の玩具○○を購入し、長男△△に与え使用させておりましたが、通常の使用方法で使用していたにもかかわらず、○○に内蔵されていた機器が突然発火し、長男△△は右腕にやけどを負い、全治２週間と診断されました。

　貴社製造の玩具○○には明らかに欠陥があるものと認められます。よって貴社製造の玩具○○によって長男△△が受けた以下の損害の賠償を請求致します。

記

治療費　○○万円
慰謝料　○○万円

令和○○年○月○日
　　東京都○○区○○１丁目２番３号
　　　　　　○○○○　　㊞
東京都○○区３丁目４番５号
　　○○株式会社
　　代表取締役　　○○○○殿

ワンポイントアドバイス

　製造物責任法（ＰＬ法）に基づき、商品に欠陥があり、その欠陥により人の生命・身体・財産への侵害が生じた場合、製造業者は被害者に対し損害賠償責任を負う。これを製造物責任という。内容証明郵便には、購入した商品に欠陥があったこと、その欠陥により自身に被害が発生したことを記載するが、後で訴訟になることも考えて、事故の経緯を簡単に記載しておくとよい。

会社や自宅に盗聴器を仕掛けられた場合の警告書

警告書

　当方は、令和○○年○月○日、自宅兼事務所に盗聴器が仕掛けられているのを発見、撤去致しました。調査の結果、盗聴器を設置したのが貴殿であることが判明しております。

　つきましては、精神的苦痛に対する慰謝料及び盗聴による情報漏えいで生じた損害に対する賠償を下記の通り請求致します。

　なお、本状送達後1週間以内に誠意ある対応が見られない場合は、刑事告訴を含め、さらなる法的措置をとる準備がありますので、念のため申し添えます。

記

1　慰謝料　　　　　　○○万円
2　情報漏えいで生じた損害額　○○万円

令和○○年○月○日
　　東京都○○区○○1丁目2番3号
　　　　　　○○○○　　㊞
東京都○○区○○3丁目4番5号
　　○○○○殿

ワンポイントアドバイス

　盗聴器からの電波の受信を処罰する法律は現在のところないが、盗聴器を仕掛けるために住居や会社の建物に無断で侵入した場合は、住居侵入罪（刑法130条）を問うことができる。また、プライバシーの侵害や情報漏えいによって損害を受けたとして、不法行為に基づく損害賠償を請求することもできる（民法709条）。

犬にケガをさせられた場合の飼い主に対する損害賠償請求書

請求書

　令和○○年○月○日、東京都○○区○○町にある○○公園をジョギング中に、私は、貴殿の飼い犬に飛び掛かられ、転倒してしまいました。

　これにより、私は腰を痛め、1か月の通院を余儀なくされました。

　貴殿は、飼い犬を紐でつなぐことなく、散歩させていました。とくに貴殿の犬は、ドーベルマンであり、紐でつながないで散歩をさせていたことは、犬を十分に管理していたとはいえません。

　従いまして私は、犬の飼い主である貴殿に対して、民法第718条に基づいて、損害賠償金○○万円を請求致します。

　　令和○○年○月○日
　　　東京都○○区○○1丁目2番3号
　　　　　　○○○○　　㊞
　　東京都○○区○○3丁目4番5号
　　　　○○○○殿

ワンポイントアドバイス

　他人が飼っているペットから損害を被った場合、飼い主に対して損害賠償を請求できる。その際、犬がくさりでつながれていなかったなど、飼い主に故意または過失があると思われる事情を具体的に示すことが必要である。

　民法718条では、ペットや家畜などの動物が他人に損害を与えた場合には、その動物を占有する者（原則として飼い主）が、相手に対して損害賠償をする責任を負うことを定めている（動物占有者の責任）。

ケンカによるケガの損害賠償請求書

請求書

　令和○○年○月○日午後○時頃、私は、帰宅途中に○○商店街で、酒に酔った貴殿に絡まれ、胸部などを複数回殴られました。そのため、胸部を打撲し、病院で全治１週間の診断を受けました。

　貴殿の行為は民法第７０９条の不法行為に該当し、許されるものではありません。

　よって私は貴殿に殴られたことで私が被った治療費○○○○円及び慰謝料○○万円の合計○○万円を請求致します。

　　　令和○○年○月○日
　　　　東京都○○区○○１丁目２番３号
　　　　　○○○○　　㊞
　　　東京都○○区○○３丁目４番５号
　　　　○○○○殿

ワンポイントアドバイス

　ケンカに関しては、一方的に攻撃されていたならば、加害者に損害賠償を請求することができる場合が多い。とくに相手が酔った状態で絡んできたなど、相手に非がある場合は効果的である。しかし、双方が攻撃しあった場合に損害賠償を求めると、逆に相手から損害賠償を請求されかねないので、この点は注意すべきである。

　加害者の行為は民法709条の不法行為に該当する。不法行為とは、保護されるべき身体・生命・財産・権利が侵害されることである。不法行為により損害を受けた被害者は、加害者に損害賠償請求ができる。

痴漢事件の被害者による慰謝料請求書

請求書

　私は令和○○年○月○日、午前7時半頃、○○鉄道上り線の車内で貴殿の痴漢行為の被害を受けました。貴殿は直ちに取り押さえられ、身柄を警察に引き渡されましたが、私は被害に遭って以降、電車に乗ろうとすると激しい動悸や発汗といった症状がでるようになり、現在に至るまで電車に乗ることができない状態です。

　このような被害を受けたのは貴殿の痴漢行為が原因であることに他なりませんが、私としても裁判で争うことは望んでおらず、謝罪とともに慰謝料○○○万円の支払いに応じて頂ければ、裁判はしないつもりでおります。

　つきましては本書面到達後7日以内に、慰謝料の支払意思についてご回答頂けますよう請求致します。

　　令和○○年○月○日
　　　　東京都○○区○○1丁目2番3号
　　　　　　　○○○○　　印
　　東京都○○区○○3丁目4番5号
　　　　○○○○殿

ワンポイントアドバイス

　痴漢事件の被害者は加害者に対し慰謝料を請求できる。被害者として示談に応じる気持ちがある場合には、加害者に損害賠償請求に応じるなら裁判で争うことはしない意向であるのを伝えるとよい。

飲食店の店員に暴力をふるった客に対する損害賠償請求書

請求書

　私は東京赤坂の焼肉△△園で接客業務をやっていますが、令和○○年○月○日、午後○時頃、そこでの業務中に、客である貴殿に接客態度が悪いと言われ、顔面と腹部を数回殴られました。その際に、鼻の骨を折り、病院で手術を受けました。

　私は、酒に酔い大声をあげ、周囲に迷惑をかけていた貴殿に注意をしただけであり、私には非はありません。

　つきましては、貴殿に対して、民法第709条を根拠に、損害金○○万円を請求させて頂きます。

　　　令和○○年○月○日
　　　　　東京都○○区○○１丁目２番３号
　　　　　　　　　○○○○　　㊞
　　　東京都○○区○○３丁目４番５号
　　　　　○○○○　　殿

ワンポイントアドバイス

　相手が攻撃を仕掛けてきたなどの正当な理由がない限り、暴力をふるうことは許されない。正当な理由なく暴力を振るわれた場合には、**不法行為**に基づく損害賠償請求をすることができる（民法709条）。

　文例では、店員には落ち度（非）がないように書いているが、もし店員にもなんらかの落ち度（必要以上に相手を責め立てたなど）があると、裁判になった場合には損害賠償額が少なくなることがある（過失相殺）。

病院の医療ミスについての損害賠償請求書

請求書

　令和○○年○月○日、私の息子が腹部の痛みを訴えたため、私が付き添い、○○県立総合病院（以下、貴病院）の勤務医である○○××氏の診察を受けました。

　診察ではとくに異常が見つからなかったのですが、痛みが継続しているようでしたので、2か月後に別の病院へ行ったところ、胃がんが進行しているとの診断を受けました。治療の甲斐なく、息子は死亡しています。

　貴病院で適切な診断が下されていればこのような事態にはならなかったものと考えます。つきましては貴病院に対して1億円（内訳は省略）の損害賠償を請求させて頂きます。

　令和○○年○月○日
　　　　○○県○○市○○1丁目2番3号
　　　　　　　　○○○○　　㊞
　　○○県○○市○○3丁目4番5号
　　　　○○県立病院院長　　○○○○殿

ワンポイントアドバイス

　病院を相手に医療ミスの損害賠償を求める場合、債務不履行、つまり診療契約に基づく病院側の義務の不履行や、不法行為を根拠にする。美容整形手術の場合も同様である。示談（和解）で収めたい旨を記載してもよい。

病院のたらいまわしで死亡した患者の遺族による損害賠償請求書

請求書

　令和○○年○月○日、出産直前期であった私の妻が急に腹部の痛みを訴えたため、救急車を呼び、近くの貴病院に向かうことになりました。貴病院では空室がなかったので、貴病院からの紹介により隣町のB病院に向かいました。ところが、B病院では治療施設が整っておらず、B病院から紹介を受けたC病院で治療を受けたのですが、治療の甲斐なく妻は、胎児ともども死亡しました。後で調査したところ、治療の開始の遅れが死亡の原因であったことが明らかになりました。

　貴病院が治療施設の整っていないB病院を紹介したことが結果として治療の開始の遅れの原因となったものと考えます。

　つきましては、妻及び胎児の死亡の点につき○億円の損害賠償を請求させて頂きます。

　　　令和○○年○月○日
　　　　東京都○○区○○１丁目２番３号
　　　　　　　　　○○○○　　㊞
　　　東京都○○区○○３丁目４番５号
　　　　○○病院院長　　○○○○殿

ワンポイントアドバイス

　裁判例によると、医療機関は患者を転送する際、治療を施せる設備の整った医療機関を紹介する転送義務がある。正当な理由があって患者を受け入れられないのはやむを得ないが、転送義務に違反したため、患者の死亡などの結果が生じたときは、民法709条の**不法行為**に該当する。

看護師のミスについての病院に対する損害賠償請求書

請求書

　私の妻は高血圧で貴殿の経営する○○病院（以下、貴病院）に入院していたのですが、担当の看護師である○○××氏が静脈注射の際に薬剤の選択を誤り、投与してはならない薬を投与したために、令和○○年○月○日に死亡致しました。

　貴病院における看護師の勤務状態を調べましたところ、○○氏が夜勤の連続であったという事実が判明しました。したがって、死亡の原因は看護師だけでなく、使用者である貴病院にもあると考えております。よって、貴病院に対して○億円の損害賠償を請求致しますのでご承知おき下さい。

　令和○○年○月○日
　　　東京都○○区○○１丁目２番３号
　　　　　　　　○○○○　　㊞
　東京都○○区○○３丁目４番５号
　　　○○病院院長　　○○○○殿

ワンポイントアドバイス

　医師が手術ミスをした場合、医師個人だけでなく、医師の使用者（雇用主）としての病院も責任を負う立場にある（使用者責任）。また、病院が診療契約の当事者となるときは、診療契約違反（151ページ）として病院の責任を問うことができる。

薬剤師のミスについての病院に対する損害賠償請求書

　　　　　　　　　　請求書

　私の娘は幼少期から糖尿病を患っており、治療のために貴病院に入院しておりましたが、令和○○年○月○日、貴病院で亡くなりました。

　死亡の原因を確認したところ、担当の薬剤師がカルテを読み間違え、本来処方すべきでない薬を娘に与え、これを娘が飲んだことが死亡の直接の原因であることが明らかになりました。

　このような医療ミスが生じたのは主治医である○○××氏が、薬剤師が薬剤を調合するにあたって指導監督する義務を怠ったことにあると考えております。したがって、貴病院に対して損害賠償として○○○○万円を請求致しますので、ご承知おき下さい。

　　令和○○年○月○日
　　　　東京都○○区○○１丁目２番３号
　　　　　　　　○○○○　　㊞
　　東京都○○区○○３丁目４番５号
　　　　○○病院院長　　○○○○殿

ワンポイントアドバイス

　薬剤師法によると、薬剤師は医師の処方箋がなければ、患者に与えるための調剤ができない。この点から、医師は薬剤師の使用者的立場にあり、医師が薬剤師に対する指導監督義務を怠っていた場合には、ミスの直接の原因が薬剤師にあるとしても、医師や病院の損害賠償責任を問うことが考えられる。

病院のベッドから転落した場合の病院に対する損害賠償請求書

　　　　　　　　　　　請求書

　私の父は腎機能障害を患っており、透析治療のために貴殿の経営する○○病院に入院しておりましたが、令和○○年○月○日に貴病院のベッドから転落して全治２か月の大ケガを負いました。

　父は視力が極端に悪く、方向感覚も低下していたので、担当の看護師の方にはくれぐれも目を離さないように注意していてほしい、とお願いしていました。にもかかわらず、事故当時は現場に誰もいなかったために、このような事故が生じたものと考えております。

　したがって、貴病院に対して治療費○○万円を請求致しますので、ご承知おき下さい。

　　令和○○年○月○日
　　　　東京都○○区○○１丁目２番３号
　　　　　　　　○○○○　　㊞
　　東京都○○区○○３丁目４番５号
　　　○○病院院長　　○○○○殿

ワンポイントアドバイス

　医療機関は、診療契約に基づく義務として、身体の不自由な患者が転倒・転落しないよう配慮することが求められる。そうした注意義務を怠ったため、患者が院内で転落事故により被害を被った場合には診療契約違反や不法行為（151ページ）となるため、病院に損害賠償責任が発生する。ただ、医療機関側が注意義務を尽くしていた場合は責任を問うことはできない。

ペットホテルでの事故による損害賠償請求書

請求書

　私は令和○○年○月○日に貴殿の経営する
ペットホテルに２日間飼い猫を預け、同年○
月○日に迎えに行きました。

　ところが、帰宅後から猫の様子におかしな
ところがあり、翌日獣医の診察を受けたとこ
ろ、前日の食べ物の影響により、食中毒を起
こしていることが明らかになりました。

　私は迎えに行った日以降自宅では何も食事
を与えていないので、調査したところ、貴殿
のペットホテルでの食事に粗悪品があったこ
とをつきとめました。

　私と致しましては、キャットフードの提供
業者だけでなく、貴殿の経営するペットホテ
ルの管理体制にも問題があったと考えます。
したがって、治療費○万円を請求させて頂き
ます。

　　令和○○年○月○日
　　　　東京都○○区○○１丁目２番３号
　　　　　　○○○○　　㊞
　　東京都○○区○○３丁目４番５号
　　　　○○ペットホテル管理人　　○○○○様

ワンポイントアドバイス

　ペットホテルに飼い猫を預ける行為は、法的には寄託契約にあたる。寄託に
おいて預けた側（委託者）が代金を支払う場合、預けられた側（受託者）に
は取引上、通常期待できる範囲での注意業務が課せられる（善管注意義務）。
猫の食事についてホテル側が通常の注意を以てすれば粗悪品の提供を防ぐこ
とができたにもかかわらず、漫然とそのまま与えていた場合には、善管注意義
務の違反するものとして、ペットホテルの損害賠償責任を問うことができる。

ペット禁止規定違反についての借主に対する抗議書

抗議書

　当方と貴殿は、令和○○年○月○日より、大阪府大阪市○○区○○４丁目５番の○○マンション２０５号室について、賃貸借契約を締結しております。その契約書面には、ペット飼育の禁止を明示しております（第○条）が、この度同マンションの別の住民から苦情があり、確認しましたところ、貴殿が猫を飼育しておられることが判明しました。

　つきましては、本書面到達後１週間以内に猫の飼育をやめる等の対応をしていただけますようお願い致します。なお、改善が見られない場合、当方としては本賃貸借契約の解除という対応を取らざるを得ませんので、念のため申し添えます。

　　令和○○年○月○日
　　大阪府大阪市○○区○○１丁目２番３号
　　　　　　　○○○○　　印
　大阪府大阪市○○区○○４丁目５番２０５号
　　　○○○○殿

ワンポイントアドバイス

　ペット禁止の契約条項のある賃貸物件でペット飼育をしている居住者（借主）に対して、貸主は契約違反を指摘して契約解除ができる場合がある。ただ、「一時的に預かっただけ」などにとどまる場合には、信頼関係を損なうほどの違反とはいえず、契約解除できない。できれば、内容証明郵便を送る前に、話し合いをするほうがよい。文面には、改善がみられなければ、契約解除などのしかるべき対応をとることを記載しておく。

企業の契約違反と窓口対応に問題がある場合の抗議書

　　　　　　　　　抗議書

　私は令和○○年○月○日貴社の経営するパン教室に入会致した者です。当初の契約によると、レッスンは受講日ごとに１時間とされていたはずなのですが、毎回４０分程度しか行われておりません。このことを貴社に問い合わせたところ、「受講者が当初の予定より少なかったため」「大した問題じゃないですし、４０分でもよいのではないですかね」という、誠意のないお答えでした。

　受講者が少ない場合に受講時間を減らすということは当初の契約書には記載されておらず、貴社のこのような対応を容認することは到底できません。つきましては、本書面を以て抗議するとともに、貴社の対応に変化がない場合には法的手段も検討しておりますので、その旨ご承知おき下さい。

　　令和○○年○月○日
　　　　東京都○○区○○１丁目２番３号
　　　　　　　○○○○　　㊞
　　東京都○○区○○３丁目４番５号
　　　　○○○○殿

ワンポイントアドバイス

　苦情への対応に誠意が見受けられないなど、企業側の行動に問題がある場合には、文例のような書面で抗議する。悪質なクレーマーと誤解されないように、抗議が正当である根拠を具体的に示すことが必要である。

個人情報を漏えいした企業に対する 損害賠償請求書

請求書

　令和○○年○月○日、私は貴社と生命保険契約を締結致しましたが、その際提供した氏名や生年月日、銀行口座番号などの個人情報が、この度貴社の情報管理の不徹底が原因で流出したと聞き及びました。

　提供致しました個人情報はプライバシー性の高いもので、貴社の情報管理の体制に問題がなければ、このような個人情報の流出事故は生じていなかったものと考えます。

　つきましては、被ったプライバシーの侵害を根拠に、貴社に対して○○万円を請求させて頂きます。

　　令和○○年○月○日
　　　　東京都○○区○○１丁目２番３号
　　　　　　　　○○○○　　印
　　東京都○○区○○３丁目４番５号
　　　　株式会社○○生命保険
　　　　代表取締役○○○○殿

ワンポイントアドバイス

　個人情報を扱う企業には、**個人情報保護法**の下で、個人情報の漏えいなどを防止するため、適切かつ必要な管理をする義務がある。これに反して個人情報を漏えいした企業に対しては、プライバシー侵害を根拠に損害賠償請求をすることができる。ただ、賠償額はケースによって相当な幅がある。氏名、住所などの基本的な情報については、１万数千円程度とする裁判例がある一方で、500円程度の金券を謝罪文に同封してすませるケースもあるので、高額な請求は難しいといえる。

個人情報を開示しない会社に対する抗議書

抗議書

　私は令和○○年○月○日、貴社に対して、貴社が有している私の個人情報について開示を求める要求を書面にて通知致しました。

　しかし、通知した期日を１０日過ぎましても貴社から開示する旨の連絡がありません。また、開示できないとしても、その旨の連絡もありません。

　貴社の対応は個人情報保護法に反するものであり、速やかに開示して頂きますよう、請求致します。本書面到達後１０日を過ぎましても開示がなされない場合には、法的手段も検討しておりますので、その旨ご承知おき下さい。

　　令和○○年○月○日
　　　　東京都○○区○○１丁目２番３号
　　　　　　○○○○　　㊞

　　東京都○○区○○３丁目４番５号
　　　　株式会社○○生命保険
　　　　代表取締役○○○○殿

ワンポイントアドバイス

　企業は、本人から「貴社が持っている私の個人情報を開示しなさい」という請求を受けた場合、原則として速やかに開示しなければならない（個人情報保護法28条）。それなのに、開示を請求した企業から連絡がなければ、まずは文例のような通知を送付して対応を求め、その上で訴訟などの法的手段を検討するのがよいだろう。

個人情報を勝手に売買した業者に対する損害賠償請求書

　　　　　　　　　　　請求書

　令和○○年○月○日、私が貴社の商品を購入する際に申込書に記載した氏名、住所、電話番号等の個人情報が、私の許可なく別の業者に売却されているという事実を確認致しました。私は現在、不要なDMの送付や、電話や自宅訪問による勧誘行為などに悩まされております。

　貴社の行為は、個人情報の保護に関する法律に違反するものであり、私のプライバシーを著しく侵害するものですので、民法第709条の規定に基づき、損害賠償として○○万円を請求致します。

　　令和○○年○月○日
　　　　東京都○○区○○１丁目２番３号
　　　　　　　　　○○○○　　㊞
　　東京都○○区３丁目４番５号
　　　　株式会社○○
　　　　代表取締役　　○○○○殿

ワンポイントアドバイス

　オプトアウトによる第三者提供などの例外にあたらない場合に、本人の許可なく企業が個人情報を第三者に提供するのは、それが売買によるものでなくても個人情報保護法違反になる。違反企業は、個人情報保護委員会の勧告や命令に従わなければ、刑事罰が科される。他方、個人情報保護法には損害賠償の規定がないので、損害賠償を求める場合は不法行為の規定による（民法709条）。

ネットに無断でイラストを盗用された場合の損害賠償請求書

請求書

　私はイラストレーターとして活動している者ですが、貴殿が開設しているホームページに掲載されているイラストやキャラクターの絵は私の作品を無断で使用しているものです。ホームページという不特定多数の者が見ることができる場所に、無断で私の作品の掲載を行うことは、私の著作権を侵害する行為に該当します。

　つきましては、一刻も早く掲載を中止して頂きますよう請求するとともに、貴殿の無断掲載行為により被った損害として○○万円を請求致しますのでご承知おき下さい。

　　令和○○年○月○日
　　　　東京都○○区○○１丁目２番３号
　　　　　　　　○○○○　　㊞
　　東京都○○区○○３丁目４番５号
　　　　○○○○殿

ワンポイントアドバイス

　ホームページ（ウェブサイト）という誰もが閲覧できる場所に、他人のイラストやキャラクター（著作物）を制作者に無許可で掲載するのは、著作権を侵害する行為に該当する。その他、企業や個人が持っている商標（記号・図形・マークなど）や特許の扱いにも注意するべきである。文例のように著作権を侵害された場合は、掲載の中止と損害賠償を求めて内容証明郵便を送付し、その後の法的手段を検討することになる。

ネットに掲載された画像により名誉を毀損された場合の差止請求書

請求書

　先日、知人から、あるホームページに私の顔写真と淫らな格好の画像を組み合わせた画像が公開されているとの知らせを受けました。貴殿の開設しているホームページを確認したところ、確かに私の顔写真を加工したものであり、その事態に驚愕しております。

　貴殿がどこで私の顔写真を入手したのか検討がつきませんが、一刻も早く画像の掲載を中止して頂くよう請求致します。また、このような画像を掲載されたことにより被った精神的損害につきまして、金額を算定の上、14日以内に請求させて頂くこともあわせてお伝えします。なお、現在、この件につきましては警察に相談中であり、刑事告訴も検討しておりますので、ご承知おき下さい。

　　令和○○年○月○日
　　　　東京都○○区○○１丁目２番３号
　　　　　　　　○○○○　　㊞
　　東京都○○区○○３丁目４番５号
　　　　○○○○殿

ワンポイントアドバイス

　ホームページ（ウェブサイト）における他人の画像の無断使用は、肖像権の侵害にあたる他、名誉権やプライバシー権の侵害にもあたる。掲載者を特定できた場合は、被害を最小限に抑えるため、刑事告訴（名誉毀損罪の成立可能性がある）などの法的手段をとる通知が必要になる。

文例25

プロバイダに管理責任を問う場合の請求書

請求書

　先日インターネットの掲示板で下記の投稿を発見しました。掲載されている情報は公益目的や公共の利害に関する情報ではなく、私のプライバシーを侵害するものであるため、急ぎ削除して頂くようプロバイダである貴社に対して削除請求を致しました。

　ところが、請求後1か月を経過しても依然として書き込みは残っております。

　被害が拡大した原因は貴社に速やかに対応して頂けなかった点にあると考えます。つきましては、プロバイダ責任制限法第3条に基づく損害賠償として〇〇万円を請求させて頂きます。

記

投稿日時：令和〇〇年〇月〇日〇時〇分〇秒
投稿内容を閲覧できるページのURL：
ｈｔｔｐ：／／ｗｗｗ．・・・
投稿内容：「〇〇〇〇〇・・・」

令和〇〇年〇月〇日
　　東京都〇〇区〇〇1丁目2番3号
　　　　〇〇〇〇　　印
東京都〇〇区〇〇3丁目4番5号
　　〇〇株式会社
　　代表取締役　　〇〇〇〇殿

ワンポイントアドバイス

　プロバイダは、情報の流通により誰かの権利が明らかに侵害されていることを知っており、技術的に損害を防止できるときは、必要な措置をとらなければならない。これに違反した場合には、プロバイダ責任制限法3条による免責がなされず、プロバイダは不法行為に基づく損害賠償責任を負うことになる。被害者は権利侵害の明白性を具体的に記載するとよい。

ウイルスメールの送信者に対する損害賠償請求書

請求書

　令和○○年○月○日○時○分、私のメールボックスに差出人不明のメールが届いており、添付ファイルをクリックしたところ、たちまちドクロマークが画面に広がり、パソコン内のデータがすべて破壊されてしまいました。

　その後専門の業者に依頼したところ当該メールに含まれていたコンピューター・ウイルスによる被害であること、及び送信元が貴殿であることが明らかになりました。

　つきましては、貴殿に対しパソコンの修復に要した費用として○○万円を請求致します。

　　令和○○年○月○日
　　　　東京都○○区○○１丁目２番３号
　　　　　　○○○○　　㊞
　　東京都○○区○○３丁目４番５号
　　　　○○○○　殿

ワンポイントアドバイス

　コンピューター・ウィルスの被害者は送信者に対して、被害を受けた事実について、**不法行為**に基づく損害賠償を請求することができる。ただ、表示されている送信元メールアドレスがなりすましの（偽装されている）場合もあるので、専門家などに相談し、本来の送信者を突き止めることが必要になる。

名誉毀損を理由とする慰謝料請求書

　　　　　　　　　　請求書

　令和○○年○月○日付発行の貴社の月刊誌「月刊○○○」を読みました。記事によると、私が○○に対して、横領を指示したかのような内容が掲載されていました。

　しかし、上記記事はまったくの事実無根であり、しかも私に対して何らの取材もなされない一方的な内容のものであって、私の名誉を著しく毀損するものであります。こうした行為は、到底許されるものではありません。

　貴社の記事により私をはじめ家族は、いわれのない誹謗中傷にさらされています。

　よって当方は、貴社に対し、慰謝料として金○○○万円の支払いを求めます。

　なお、本書面到達後1週間以内に、誠意ある回答をお示しにならない場合には、当方は法的手段に訴える用意があることを付け加えてお伝え致します。

　　令和○○年○月○日
　　　　東京都○○区○○1丁目2番3号
　　　　　　　　○○○○　㊞
　　東京都○○区○○3丁目4番5号
　　　　○○株式会社
　　　　代表取締役　　○○○○殿

ワンポイントアドバイス

　他人の社会的評価を低下させるような発言や文章を、不特定または多数の人に発信するのは、その方法を問わず名誉毀損にあたる。名誉毀損の被害者は、相手側に損害の賠償（慰謝料など）を請求することができる他、謝罪広告の掲載を請求することもできる（民法710条・723条）。

特許権を侵害している会社に商品の販売中止を求める差止請求書

差止請求書

　令和○○年○月以降、貴社が販売しております工作機械「○-○○」（通称「○○○」）は当社が特許権を保有する下記特許番号の技術を使用しており、貴社の行為は当社の特許権を侵害していると判断されます。

　従いまして、当社は、貴社に対して当該製品の製造及び販売の中止、既出荷分の回収をはじめとする、特許権侵害の状態を解消するための措置を講じられるように請求するものであります。

　なお、本件において発生した損害に関しては、当社での調査完了後、後日、賠償請求させて頂きます。

（特許権の表示）

　特許番号　　○○○○○○3号

　令和○○年○月○日
　　　　東京都品川区○○1丁目2番3号
　　　　　請求者　株式会社○○機械
　　　　　　代表取締役　　○○○○　　㊞
　　　東京都台東区○○2丁目3番4号
　　　　　被請求者　○○株式会社
　　　　　代表取締役　　○○○○　　殿

ワンポイントアドバイス

　文例では、特許権侵害が発覚したので、とりあえず差止請求として、製造・販売の差止めと既出荷分の回収を請求している。発生した損害の確定には時間がかかるため、現段階では被害拡大を阻止するために差止請求だけをしておいて、賠償請求は後日行う。特許権の特定は特許番号によって行う。

商号の使用中止を請求する警告書

警告書

　当社は、令和〇〇年〇月〇日付で「イロハ生花」なる商号を登記し、東京都〇〇区において生花販売業を営んでおります。

　しかるに貴殿は、同じく東京都〇〇区において、「イムハ生花」なる商号を用いて生花販売業を営み、しかも看板の色使いや店舗の飾りつけなども、当社ときわめて似かよった形で営業を続けておられます。貴殿の行為は、不正の目的による類似商号の使用といえますので、直ちに右商号の使用を中止されるよう請求致します。

　なお、本書面到達後1週間以内に、貴殿から誠意ある回答が得られない場合、当社としましては、貴殿に対して商号使用差止請求訴訟及び損害賠償請求訴訟を提起する所存でありますことを、念のため申し添えます。

　　令和〇〇年〇月〇日
　　　東京都〇〇区〇〇2丁目3番4号
　　　イロハ生花株式会社
　　　　代表取締役　　〇〇〇〇　㊞
　　東京都〇〇区〇〇1丁目2番3号
　　　イムハ生花　□□□□　殿

ワンポイントアドバイス

　不正の目的で類似商号を使用する者がいる場合は、文例のように使用する者に対し商号使用中止の請求ができる（会社法8条2項）。まずは警告書によって回答期限を定めて、誠意ある回答がない場合は訴訟提起の意思があることを示すとよい。

商号の使用中止請求に応じられないことを伝える回答書

回答書

　貴社から、令和○○年○月○日付の警告書を受領致しましたのでご回答申し上げます。

　それによりますと、貴社の商号である「イロハ生花」と当方が使用する商号である「イムハ生花」とが類似しているとのご主張ですが、この「イムハ生花」なる商号は、呼称上「イロハ生花」という商号とは明らかに異なっており、また、一般人においても両者の営業を誤認・混同する恐れはないものと思料します。

　従いまして、貴社の主張には理由がないと思われますので、当方としては、貴社のご請求に応じることはできません。

　以上、ご理解下さいますよう、宜しくお願い申し上げます。

　　令和○○年○月○日
　　　東京都○○区○○１丁目２番３号
　　　　　イムハ生花　　○○○○　　㊞
　　東京都○○区○○２丁目３番４号
　　　イロハ生花株式会社
　　　代表取締役　　□□□□　殿

ワンポイントアドバイス

　前の文例のような商号の使用中止請求を受けた場合に、それに対して回答するときの書面である。文例のように、自分の商号と相手の商号とが類似していないとの判断に至った場合は、その根拠を具体的にあげながら、回答をする必要がある。

商標権を侵害している者への商品の販売中止を求める請求書

商標使用中止の請求書

　令和○○年７月頃から、貴社は貴社商品の加工野菜の販売において、新たに「やまな」との商標を使用しはじめました。しかし当社は後掲の商標権を有しており、当社の登録商標「山菜」と、貴社が使用する「やまな」は称呼等において類似すると考えられ、かつ、貴社商品が当社の上記登録商標の指定商品に含まれると認められるので、貴社による右商標使用は、当社保有の商標権を侵害すると言わざるを得ません。

　よって、同商標権に基づき、直ちに上記商品の販売を中止するように請求します。

（商標権の表示）
　商標登録番号　第９８７６５４号
　商標　山菜
　指定商品　第２９類「加工野菜」

　令和○○年９月１０日
　　　東京都○○区○○１丁目２番３号
　　　　　株式会社　○○貿易
　　　　　代表取締役　○○○○　㊞
　東京都○○区○○２丁目３番４号
　　　　　株式会社○○物産
　　　　　代表取締役　○○○○　殿

ワンポイントアドバイス

　商標権を特定して表示するには、文例のように商標登録番号、商標（名称など）、指定商品（商標を使用する商品）を掲げるのが一般的である。商標の類似性の判断は、きわめて複雑なものである。できるだけ弁護士、弁理士などの専門家に確認をした方がよい。

商標権を侵害していないことを
伝える回答書

回答書

　令和○○年９月１０日付貴社より送付され
た「商標使用中止の請求書」に対して、次の
通り回答します。

　貴社は右文書の中で、当社の「やまな」が
貴社登録商標と同一の指定商品であり、称呼
が類似している旨を主張されておりましたが
、特許庁発行『商標審査基準』等によれば、
文字商標において、自然な称呼をフリガナと
して付した場合には、不自然な称呼に商標権
は生じないとされます。これを本件にあては
めると、貴社は「山菜」（さんさい）として
商標登録しており、『やまな』は不自然な称
呼にあたります。また、「やまな」が地名に
基づく造語であることも考慮すると、非類似
と考えられます。よって当社は貴社商標を侵
害していないので、使用中止の請求には応じ
られない旨回答致します。

　　令和○○年１０月１日
　　　東京都○○区○○２丁目３番４号
　　　　株式会社○○物産
　　　　　代表取締役　　○○○○　　㊞
　東京都○○区○○１丁目２番３号
　　　株式会社○○貿易
　　　代表取締役　　○○○○　　殿

ワンポイントアドバイス

　商標権侵害を警告された者が、両商標は非類似なので商標権侵害にあたら
ないと回答する場合の文例である。文例は、商標審査基準の内容に基づいて、
相手方の主張する商標と自社の商号との類似性がないとの理由で、商標権侵
害にあたらないと反論している。

著作権を侵害している者に対して謝罪文の掲載を求める請求書

著作権侵害警告及び謝罪文掲載請求書

　貴殿が令和〇〇年〇月〇日発刊の月刊誌「〇〇〇〇」に掲載した小説「〇〇〇」の〇〇から〇〇の部分は、当方が「△△△」で既に発表済みの小説「△△」と同一の内容及び表現をとっており、当方の著作権を侵害するものであります。

　従いまして、当方としては、今後、貴殿が小説「〇〇〇」の公刊及び発表を行わないことと、次回発刊される月刊誌「〇〇〇〇」にて、本件著作権侵害の事実及び謝罪を掲載することを請求致します。

　令和〇〇年〇月〇日
　　東京都〇〇市〇〇町１丁目２番３号
　　　　〇〇〇〇　　㊞
　東京都〇〇区〇〇２丁目３番４号
　　株式会社〇〇〇〇出版
　　　代表取締役　〇〇〇〇　殿

ワンポイントアドバイス

　著作権侵害を警告する場合には、どの部分が自分の著作権を侵害しているのかを明確に指摘する。謝罪広告の掲載は、通常、著作権を侵害した作品を公表したものと同一の媒体を用いる。

著作権を侵害していないことを伝える回答書

回答書

　貴殿より送付された「著作権侵害警告及び謝罪文掲載請求書」に回答します。

　貴殿は内容が酷似しているとの理由で直ちに貴殿の著作物を複製したと主張しております。しかし、貴殿の著作物が『詳解会社法』に掲載された時期や、当社の『月刊びじねす』掲載の表の作成の経緯を精査すると、当社が貴殿の著作物に接する機会が存在し得ません。著作権法上、同一内容の著作物が存在しても、既存の著作物に依拠して模倣をした事実がなければ、著作権を侵害したとは言えません。当社が貴殿の著作物に依拠していない以上、著作権侵害とはなりません。

　よって、貴殿の請求には応じられない旨を右の理由を添えて回答致します。

　　令和○○年○月○日
　　　　東京都○○区○○１丁目２番３号
　　　　　株式会社びじねす出版
　　　　　　代表取締役　　○○○○　　㊞
　　○○県○○市○○町１丁目２番３号
　　　　○○○○　殿

ワンポイントアドバイス

　月刊誌に掲載した表について著作権侵害を指摘され、謝罪文掲載を請求された者が、著作権侵害の事実を否定する回答書である。ポイントは著作権侵害がないことを明記することである。文例の理由の他、類似性がない、著作権法の認める複製や引用であるなどの回答が考えられる。

キャラクターに関する権利の侵害者に製造販売の中止を求める請求書

販売中止請求書

　令和〇〇年〇月以降、貴社が製造販売している製菓「〇〇」のパッケージで使用されているキャラクターは、当社が製造販売している「〇〇〇」の商品キャラクターと酷似しております。当該キャラクターに関しては、作成者である当社に、法令及び判例上認められている諸権利が帰属しております。

　従いまして、可及的速やかに前記商品の製造販売を中止されるよう請求致します。
なお、本権利侵害によって当社が被った損害につきましては、調査の後、後日あらためて賠償を請求致します。

　　令和〇〇年〇月〇日
　　　　東京都〇〇市〇〇１丁目２番３号
　　　　　株式会社〇〇〇〇
　　　　　　代表取締役　　〇〇〇〇　　㊞
　　東京都〇〇区〇〇２丁目３番４号
　　　　　株式会社□□□□
　　　　代表取締役　　〇〇〇〇　　殿

ワンポイントアドバイス

　商品で使用されるキャラクターだけでなく、漫画やアニメのキャラクターが模倣されることもある。キャラクターの模倣は著作権や商標権の侵害に該当することがあるので、それを用いた商品の製造販売の中止請求や市場からの回収請求、そして損害賠償請求が考えられる。

自社の社名を広告に掲載することの中止を求める通知書

通知書

　当社は、貴社がホームページや新聞広告などにおいて当社との取引実績を掲載していることを確認致しました。

　しかし、調査の結果、当社と貴社が正式に取引を行った事実はなく、わずかに数年前、貴社の営業担当者が当社の販売部に営業活動に来訪された事実のみであることが判明しております。つきましては、明らかに事実と異なる掲載を即刻取りやめ、今後一切当社名を貴社の宣伝活動に使用しないよう、請求致します。

　　　令和○○年１０月５日
　　　　東京都○○区○○４－９－１８
　　　　　株式会社○○開発
　　　　　　代表取締役　　○○○○　㊞
　　　○○県○○市○○１２－７－２０５
　　　　合同会社○○通信
　　　　代表取締役　　○○○○　　殿

ワンポイントアドバイス

　具体的に損害が出ている場合は、損害賠償を請求することも考えられる。実際にはそこまで悪質でないことも多く、掲載中止を要求する文書も「お願い」という形を取ることが多い。

コンピュータソフトを違法コピーしている会社に対する警告書

警告書

　令和○○年○月○日頃、貴社は自社商品として○○ソフトの販売を開始されました。しかし、上記ソフトのプログラムは、当社が開発、製作したものであり、著作物としても保護されているものです。当社は貴社に対して上記プログラムの複製及び販売を許諾したことはありません。

　つきましては、直ちに上記ソフトの複製及び販売を中止するとともに、既に販売したソフトを回収して廃棄し、また、上記ソフトの複製に供した機械等につきましても廃棄されるよう請求致します。

　なお、直ちに上記請求を受け入れて頂けない場合は、刑事告発も辞さない考えでいること、また、損害賠償請求についても、現在検討中でありますことを申し添えます。

　　令和○○年○月○日
　　　東京都○○区○○５丁目６番７号
　　　　株式会社○○産業
　　　　　代表取締役　　○○○○　　㊞
　　○○県○○市○○町８丁目９番１０号
　　　　株式会社○○システム
　　　　　代表取締役　　○○○○　　殿

ワンポイントアドバイス

　著作権者は、侵害者に対して差止請求や損害賠償請求をすることができる。侵害者は行為の違法性に対する認識が低い可能性も考えられるので、刑事告発も視野に入れていることを申し添えて警告するのが効果的である。

第7章

不動産取引などに関する
トラブル

注文主から請負人に対する欠陥の補修工事請求書

請求書

　当方は、貴社と、令和○○年○月○日に請負契約を締結して、住宅の建築工事を注文致しました。その後、令和○○年○月○日に、完成した建物の引渡しを受けました。

　その後、当方が住みはじめてみると、家が傾いているような感じを受けました。検査したところ、実際に床面が傾斜していることが判明致しました。つきましては、直ちに補修工事を実施して頂くようお願い致します。

　なお、その他生じた損害については、別途請求させて頂きますので、ご承知下さい。

令和○○年○月○日
　　　東京都○○区○○１丁目２番３号
　　　　　　　○○○○　　㊞
　　東京都○○区○○３丁目４番５号
　　　　　株式会社○○○○
　　　　　代表取締役　　○○○○殿

ワンポイントアドバイス

　請負契約に基づき建築された建物について、契約内容に沿わない不適合があるときは、注文者は請負人に対し、建物の補修を請求できる。請求期間は注文者が不適合を知った時から１年である（民法637条）。請求にあたっては、どのような欠陥が理由で請求するのかをはっきりさせておく。

　また、新築住宅の売主等は、住宅品質確保法により、構造耐力上主要な部分等について10年間の瑕疵担保責任を負うものとし、民法上の契約不適合責任よりも重い責任が課されている。さらに、新築住宅の売主等は、住宅瑕疵担保履行法により、瑕疵の補修等のための資金をあらかじめ保険等により確保することが義務づけられており、注文者の保険金の直接請求も認められている。

不動産の欠陥を理由とする買主からの契約解除請求書

請求書

　当方は貴社と令和〇〇年〇月〇日付売買契約により、貴社から貴社所有の後記土地を、住宅建設用地として買い受けました。

　その後、当方が住宅を建設するにあたって調査をしたところ、貴社より購入した土地から、基準値を超える有害物質が発生していることが判明致しました。

　これでは、当方は、住宅を建設することができず、土地を購入した目的を達成することができません。

　そのため、本書面を以て、貴社と締結した売買契約を解除することに致します。

記

　　所在　東京都〇〇区〇〇×丁目
　　地番　〇番〇
　　地目　宅地
　　地積　〇〇．〇〇㎡

　　令和〇〇年〇月〇日
　　　東京都〇〇区〇〇１丁目２番３号
　　　　　　　〇〇〇〇　㊞
　　東京都〇〇区〇〇３丁目４番５号
　　　〇〇土地開発株式会社
　　　代表取締役　　〇〇〇〇殿

ワンポイントアドバイス

　購入した不動産が使用できない場合は、契約を締結した目的を達成できないので、履行の催告をしなくても、直ちに契約の解除ができる（民法542条1項5号）。解除に際しては、どのような理由で契約締結目的を達成できないのかを明確にしておく。また、契約目的不達成により損害が生じたときは、損害賠償請求もできる（民法545条4項）。

賃借権の存在を理由に土地売買契約を解除する通知

売買契約解除の通知

　令和○○年○月○日、当社は貴社より下記土地について建物所有を目的として買い取る売買契約を締結しました。しかし、当該土地には、○○○○氏の賃借権が設定され、それは当社にも以後１０年間は対抗できる内容でした。売買契約締結時に、貴殿は、賃借権は即座に消滅する旨の説明をされていましたが、実際には異なっていることが判明しました。これでは契約当初の目的が達成できないため、本売買契約を解除させて頂きます。

　（土地の表示）
　　所在　　東京都○○区○○３丁目
　　地番　　○番○　　地目　　○○○
　　地積　　○○.○㎡

　　令和○○年○月○日
　　　東京都○○区○○２丁目３番４号
　　　　　株式会社○○○○
　　　　　代表取締役　　○○○○　　㊞
　　東京都○○区○○１丁目２番３号
　　　　　株式会社□□□□
　　　　　代表取締役　　○○○○　　殿

ワンポイントアドバイス

　売主の契約不適合責任に基づき、買主は契約の解除ができる。解除事由は原則として、通常の債務不履行と同じである。文例のような賃借権の存在による契約目的不達成も解除事由のひとつとなる。

権利の不適合による解除通知書

解除通知書

　当社は、令和〇〇年７月１日、代金１５００万円で下記土地を譲り受ける契約を貴殿と締結し、７月１０日に同地の引渡も受けました。しかし、同地には〇〇氏（〇市△町２の２在住）の地上権が設定されておりました。当社は、同地の引渡を受けるまでこの事実を知らず、同地の地上権がある状態では契約目的を達成できません。よって、民法５４２条１項５号に基づき貴殿との売買契約を解除するとともに、支払済の売買代金全額の返還を請求致します。

記

所在　〇〇県〇〇市〇〇町東２０番の３
地積　１５０㎡
地目　宅地

　　令和〇〇年７月１５日
　　　　〇〇県〇〇市〇〇町２丁目２５号の１
　　　　　株式会社〇〇〇〇
　　　　　代表取締役　〇〇〇〇　㊞
　　〇〇県〇〇市〇〇町１丁目２１番
　　　　〇〇〇〇　殿

ワンポイントアドバイス

　2020年４月施行の改正民法により、移転した権利が契約の内容に適合しない場合、契約不適合責任として、買主は売主に対し、履行追完請求、代金減額請求、損害賠償請求、契約の解除ができることが明文化された。

土地代金を支払わない買主との売買契約を解除する通知

売買契約解除通知書

　令和○○年４月１日、当社は貴殿との間で、所在・東京都○○区○○１丁目、地番・２番３、地目・宅地、地積１２３㎡　の土地の売買契約を締結し、即時手付金として金３００万円を受領しました。引渡に関しては、同年同月１０日、残代金１７００万円のお支払いと同時に、東京法務局において所有権移転登記完了の予定となっておりましたが、貴殿は右期日に来られず、同日、内容証明郵便にて再度決済日を定める通知をしましたが、やはりお見えになりませんでした。

　つきましては、本書を以て、右の売買契約を解除するので、通知致します。

　　令和○○年５月７日
　　　　東京都○○区○○３丁目１番１号
　　　　株式会社○○○○
　　　　　　代表取締役　　○○○○　㊞
　　東京都○○区○○２丁目３４番５号
　　　　○○○○　殿

ワンポイントアドバイス

　買主が土地の売買代金を支払わないことを理由に契約解除を行う場合の文例である。書面には、①売買契約締結の事実、②売買対象の土地の表示、③決済日に買主が代金を支払わなかった事実、④再度決済日を定めて催告したが支払いがなかった事実の記載が必要である。

土地代金の支払請求書

代金請求書

　当社は、令和○○年５月１０日、貴殿と下記土地を代金１２００万円で売り渡す契約を締結致しました。その際、同年６月２０日に、貴殿が代金全額をご持参されるのと交換に移転登記に必要な書類一式を交付する約定でありました。しかるに、同日、当社担当者が必要書類を準備の上、待機していたにもかかわらず、貴殿は代金を持参されませんでした。そこで、日を改めまして、来る８月２０日、貴殿に代金をご持参頂き、必要な書類一式との交換により、代金決済をしたく、ご連絡申し上げた次第です。当方は、是非とも本件土地売買契約を完了させるべく、準備しておりますので、８月２０日には必ず代金をご持参頂くようお願い申し上げます。

記

（土地の表示については省略）

　　　令和○○年７月１０日
　　　　東京都○○区○○１丁目２番の５
　　　　　売主　株式会社○○○○
　　　　　代表取締役　○○○○　㊞
　　　東京都○○区○○１丁目２番２０１
　　　　　買主　○○○○　殿

ワンポイントアドバイス

　土地の売買契約の締結後、売主が移転登記に必要な書類を準備したのに、買主が代金を支払わない場合の文例である。この書面は、契約を解除するための条件である履行の催告にあたるので、もし買主が指定日に代金を支払わなければ、売主は契約の解除が可能となる。

手付による売買契約の解除通知書

売買契約解除通知

　貴殿と当社は、令和○○年○月○日、下記土地を代金○○○○万円で貴殿に売却する旨の契約を締結し、当社は既に解約手付として金○○○万円を受領しております。

　しかし、当社が当該土地を居住用として使用する必要が生じました。貴殿はまだ債務の履行に着手していないので、上記手付金の倍額である金○○○万円をお支払いすることで、本売買契約を解除させて頂きます。

（土地の表示）
　　所在　東京都○○区○○１丁目
　　地番　○番○　　　地目　○○○
　　地積　○○.○㎡

　令和○○年○月○日
　　東京都○○区○○２丁目３番４号
　　　　通知人　株式会社○○○○
　　　　代表取締役　○○○○　㊞
　　東京都○○区○○３丁目４番５号
　　　　被通知人　○○○○　殿

ワンポイントアドバイス

　文例のように手付の授受がある場合、相手が履行に着手するまでは、自分が履行に着手していても売買契約を解除できる。解除の理由は問わないが、買主は手付を放棄すること、売主は買主に手付の倍額を支払うことが必要である。

不動産引渡しの催告書

物件引渡しの催告書

　令和○○年○月○日、締結された下記土地を目的とする売買契約に基づき、当社は貴殿に対して代金○○○○万円を支払い、所有権移転登記も既に完了しました。しかし、現在に至るまで、当該土地が当社に引き渡されておりません。

　従いまして、令和○○年○月○日までに引渡しをされるよう、何卒、お願い申し上げます。

（土地の表示）
　　　所在　東京都清瀬市○○町○丁目
　　　地番　○番○　　　地目　○○○
　　　地積　○○．○㎡

令和○○年○月○日
　　　東京都○○市○○町○丁目○番○号
　　　　　通知人　株式会社○○○○
　　　　　代表取締役　　○○○○　　㊞
　　東京都○○市○○町○丁目○番○号
　　　　　被通知人　　○○○○　　殿

ワンポイントアドバイス

　買主としては、既に代金支払いが済んでいることを記載し、一定の期限を定めて、売主に対して目的物の引渡しの履行を催告する。引渡しがない場合には契約を解除する意思があれば、それを記載する例もある。

代金減額請求書

代金減額の請求書

　令和○○年○月○日、当社は貴殿より、下記土地を1㎡　あたり○○万円として、総面積○○㎡　、総額○○○○万円にて買い取りました。

　ところが、後日、当該土地を実測したところ、総面積が○○㎡　であり、○㎡　だけ不足していたことが判明しました。

　よって、不足分について既に支払われた代金○○万円を返還して頂くよう、宜しくお願い申し上げます。

（土地の表示）
　　所在　東京都○○区○○1丁目
　　地番　○番○　　地目　○○○
　　地積　○○.　○㎡

　　令和○○年○月○日
　　　東京都○○区○○1丁目2番3号
　　　　　通知人　株式会社○○○○
　　　　　代表取締役　　○○○○　㊞
　　東京都○○区○○2丁目3番4号
　　　　　被通知人　○○○○　殿

ワンポイントアドバイス

　2020年4月施行の民法改正により、売買契約の目的物に不適合がある場合、買主が代金減額請求を行えることが明記された。なお、文例のような実測売買とは異なり、登記上の地積に基づく公簿売買の場合、実面積の不足による代金減額は認められない

所有権移転登記の抹消登記手続請求書

請求書

　先にお送りした売買契約解除の通知によって貴殿もご承知の通り、令和○○年４月１０日付け下記土地の売買契約は、貴殿の代金不払いのため、貴殿から受領の手付金３００万円を違約金に充当の上、解除しました。

　これに伴い、来る令和○○年５月７日午後１時、中間金として受領済の金１０００万円を東京法務局まで持参して返還しますので、同時に、所有権移転登記の抹消に必要な一切の書類を私に交付するように請求します。

（土地の表示）
　　所在　東京都○○区○○五丁目
　　地番　４番３　　　地目　宅地
　　地積　３００㎡

　　令和○○年４月２５日
　　　　東京都○○区○○３丁目１番１号
　　　　　通知人　株式会社○○○○
　　　　　代表取締役　○○○○　㊞
　　東京都○○区○○２丁目３４番５号
　　　　被通知人　○○○○　殿

ワンポイントアドバイス

　買主に所有権移転登記抹消という原状回復を求めるのとあわせて、売主にも原状回復義務があるので、違約金を除いた受領済みの売買代金を同時に返還することを提示している。債務不履行による解除後も損害賠償請求が可能なので、加えて記載することも考えられる。

土地売買の予約を本契約にするかどうか確認する

催告書

　貴殿は、当方と下記土地に関し、令和○○年１２月１０日に売買の予約をしました。しかし、前記予約日より１年以上が経過したにもかかわらず、貴殿は予約完結権を行使されていません。貴殿が予約完結権を行使するかどうか判然としませんので、当方の立場は、法律的に非常に不安定なものであります。従いまして、本状到達後１０日以内に予約完結権行使の意思の有無を確答して頂きたく、通知致します。また、前記期間内に予約完結権行使のない場合は、民法５５６条２項により貴殿の予約権は失効します。

１．土地の表示
　　　東京都○○区○○１番２５の４２
　　　地目　宅地　　地積　１５０㎡
２．予約の内容
　　　予約日　令和○○年１２月１０日
　　　売買代金　５，０００万円

　令和○○年１２月２０日
　　　東京都○○区○○１番２５号
　　　　　○○○○　　㊞
　東京都○○区○○２番２０５
　　　○○○○　　殿

ワンポイントアドバイス

　売買契約の一方当事者が予約をしていた場合、予約完結権を行使して、本契約にする意思表示が必要である。文例は、予約者の権利行使期間を定めていなかった場合に、予約完結権を行使する意思の有無を問う場合に用いられる。

売買の予約完結権通知書

予約完結権通知

　当社は、令和○○年5月1日、貴殿と下記土地に関し、売買の予約を致しました。右予約の内容は、当社が約定代金5000万円で同土地を買い受けるものであります。つきましては、令和○○年6月10日付で本件売買予約完結権を行使し、売買契約を成立させて頂きます。また、予約完結権行使の際は、代金支払と移転登記を同時に履行する旨の約定に従い、7月1日に決済及び登記手続を完了させることを望みます。

1　土地の表示
　　（土地の表示については省略）
2　予約の内容
　　予約日　令和○○年5月1日
　　予約完結権行使による土地購入代金
　　5000万円
　　代金支払と移転登記は同時履行とする。

　　令和○○年6月10日
　　　　東京都○○区○○1番地1の1
　　　　　通知人　株式会社○○○○
　　　　　代表取締役　○○○○　㊞
　　　東京都○○区○○12番25号
　　　　　被通知人　○○○○　殿

ワンポイントアドバイス

　売買の予約については、予約完結権の行使により、売買の本契約が成立する。不動産売買の予約をする際は、予約完結権行使後の代金支払いと移転登記の履行時期についても、予約の契約締結時に定めておくべきである。

契約解除が認められないことを伝える通知書

通知書

　貴殿は、令和○年７月１日、下記土地を当社から２５００万円で買い受ける契約を締結し、その際、手付金として５０万円を交付されました。しかるに、令和○年７月２０日付の内容証明郵便にて、貴殿から右売買契約を手付放棄により解除する旨の通知を受領致しました。しかし、当該手付放棄解除は、下記理由により認められず、本来の契約通り、残代金の支払を請求致します。

記

　貴殿が手付放棄解除の意思表示をされた令和○年７月２０日の時点で、当社は、下記土地上の工作物の撤去に取りかかっており、これは民法５５７条に規定する「履行の着手」に該当するため。

（土地の表示）
　東京都○○区○○１番２号３番
　地目　宅地　地積　３００㎡

　令和○年７月２２日
　　　東京都○○区○○１丁目２番２８の２
　　　　売主　株式会社○○○○
　　　　　代表取締役　○○○○　㊞
　東京都○○区○○１丁目２番２０１
　　　　買主　○○○○　殿

ワンポイントアドバイス

　売買契約締結の際に、買主から売主に手付が交付された文例である。このケースでは、買主が手付放棄による契約解除を主張したのに対し、売主が履行に着手していることを理由に、契約解除を認めない旨の主張をしている。

登記手続の請求書

請求書

　当社は令和○○年○月○日、貴殿が所有する後記土地を買い受ける旨の売買契約を貴殿と締結しました。同契約においては、契約締結後遅滞なく、貴殿が所有権移転登記に必要な一切の書類を当方に交付し、それと引き換えに当方は貴殿に売買代金を支払うこととされております。ところが貴殿は、当方からの再三の請求にもかかわらず、現在に至るまで所有権移転登記手続に必要な書類の交付をしておりません。つきましてはこの書面を以て、その交付を重ねてご請求致します。

記

所在　東京都○区○町○丁目
地番　○○○番○
地目　宅地
地積　○○平方メートル

　令和○○年○月○日
　　東京都○○区○○×丁目×番×号
　　　　株式会社○○○○
　　　　　代表取締役　　○○○○　　㊞
　東京都○○区○○△丁目△番△号
　　　○○○○　殿

ワンポイントアドバイス

　文例は代金支払いと引き換えに登記手続を行う土地の売買契約で、売主に対し登記手続の履行を求める際に用いられる。書面において、①売買契約締結の事実、②当初定めた期日に売主が登記手続に着手しなかった事実、③再度設定した期日に売主が履行に応じるべきことを記載する必要がある。

登記手続請求とともに契約解除について記載する請求書

請求書

　当社は、令和○○年６月１０日、貴殿所有の下記土地を４５００万円で買い受ける契約を締結しました（契約時に内金として５０万円を支払済）。その際の約定によると、同年７月１０日に、武田司法書士事務所にて、残代金の支払と引換に、貴殿が移転登記手続に必要な書類を武田司法書士に交付することになっておりました。しかし、貴殿が履行しないため、未だ移転登記手続に着手できずにいます。つきましては、同年８月１日に前回と同様の方法で残代金の支払と引換に移転登記手続に必要な書類の交付を請求致します。万一、８月１日に貴殿が履行を怠るときは、本売買契約が当然に解除されたとみなし、既払金の５０万円の返還を求めます。

　（土地の表示）
　　所在　○○県○○市○○町１２番の２５１
　　地目　宅地　地積　２５０㎡

　　令和○○年７月２０日
　　　　○○県○○市○○町２５－６
　　　　買主　株式会社○○○○
　　　　代表取締役　○○○○　㊞
　　○○県○○市○○町１番の５
　　　　売主　○○○○　殿

ワンポイントアドバイス

　文例では当初の期日に売主が履行しなかったため、買主は、再び期日を設定して、代金支払いと引換えに移転登記手続を行うことを求めている。同時に、その期日にも売主が履行をしない場合、買主は、売買契約が解除されたものとして扱うことを通告している。

農地法の許可手続を催告する請求書

請求書

　当社は、令和○○年６月１０日、貴殿から下記農地を１００万円で買い受ける契約を締結し、内金として金３０万円を支払いました。農地の売買に関しては、農地法３条により農業委員会の許可が必要で、許可がなければ貴殿との売買契約が効力を生じません。しかし、貴殿は当社が準備した必要書類を受け取っているのに、許可申請をしようとしません。このままでは、当社が本件農地の所有権を取得できる時期も確定不能です。従いまして貴殿には、本書面到達後１０日以内の許可申請を請求します。期間内に許可申請なき場合は、当然に本件契約が解除されたものとし、支払済の金３０万円も返還して頂きます。

記

所在　○○県○○市○○町字３の１
地積　１００㎡

　　令和○○年９月１０日
　　　　○○県○○市○○町大字２の３５
　　　　　株式会社○○○○
　　　　　代表取締役　　○○○○　㊞
　　○○県○○市○○町３丁目２５番
　　　　○○○○　殿

ワンポイントアドバイス

　農地の売買契約は、当事者の合意に加えて、農地がある市区町村の農業委員会の許可を得て、はじめて効力を生じる（農地法３条）。許可申請は売主と買主が共同して行う必要があるので、相手が許可申請に協力しないときは、文例のように協力を要求しなければならない。

不動産業者に対する仲介契約の解除通知書

　　　　　　　　　　通知書

　当方は、令和○○年○月○日に、貴社に対し、下記記載の土地の売却の仲介を依頼しました。

　ところが、貴社は、依頼から○か月が過ぎた現在まで、購入希望者を1人として紹介して下さいませんでした。

　そのため、誠に遺憾ではありますが、貴社との仲介契約を解除致します。

　　　　　　　　　　記
　　所在　東京都○○区○○×丁目
　　地番　○番○
　　地目　宅地
　　地積　○○．○○㎡

　令和○○年○月○日
　　　東京都○○区○○1丁目2番3号
　　　　　　　○○○○　　㊞
　東京都○○区○○3丁目4番5号
　　　○○不動産株式会社
　　　代表取締役　　○○○○殿

ワンポイントアドバイス

　契約を解除する場合は、原則として理由が必要である。通常は相手の債務不履行がある際に解除が可能になる。しかし、不動産売買の仲介契約は委任にあたるため、相手に債務不履行がなくても、いつでも契約の解除ができる（民法651条）。相手を納得させるため、解除の理由は記載した方がよいだろう。

家賃の支払請求書

請求書

　当社は貴殿に対し、令和○○年○月○日より、東京都○○区○○１丁目１番地１号（家屋番号１番１、木造瓦葺２階建居宅兼店舗、１階５０平方メートル、２階４０平方メートル）の建物を下記の条件で賃貸しております。

　しかるに貴殿は、令和○○年○月分から令和○○年○月分までの３か月分の家賃合計金○○万円の支払いを怠っております。

　つきましては、直ちに滞納家賃全額をお支払い下さいますよう、ご請求申し上げます。

記

１　家賃　１か月金○万円

２　支払期日　翌月分を毎月末日限り

　令和○○年○月○○日

　　東京都○○区○○３丁目３番３号

　　　　　株式会社○○不動産

　　　　　代表取締役　○○○○　㊞

　東京都○○区○○１丁目１番地１号

　　　　○○○○　殿

ワンポイントアドバイス

　家主が家賃を支払わない借家人に対して、滞納分の家賃を請求する文例である。借家人にプレッシャーをかける意味でも、支払期日を明記しておくとよい。

駐車料金の支払請求書

　　　　　　　　　　　　請求書

　　当社は、令和○○年○月○日、貴殿との間で次の通り駐車場賃貸借契約を締結しました。

1　　賃貸借物件：○○区○○○丁目○番○号所在の駐車場（普通乗用自動車１台分）
2　　賃貸借期間：令和○○年○月○日から令和○○年○月○日まで
3　　駐車料：月額金○万円
4　　支払方法：前月○日までに翌月分を賃貸人方に持参

　　ところが、貴殿は令和○○年○月分から同年○月分まで４か月分○○万円の駐車料を支払っていません。

　　つきましては、直ちに右駐車料金をお支払い下さるようお願い申し上げます。

　　令和○○年○月○日
　　　　東京都○○区○○町１丁目１番１号
　　　　　　株式会社○○不動産
　　　　　　代表取締役　　○○○○　　㊞
　　　東京都○○区○○町２丁目２番２号
　　　　　○○○○　殿

ワンポイントアドバイス

　未払賃料を請求する際は、延滞している月や金額を具体的に記載する必要がある。契約書の条項などを持ち出すとより説得力がでる。契約の解除も考えていれば、支払いがない場合に解除することを記載すると二度手間を防げる。

家賃の値上げの通知書

通知書

　当社は貴殿に対して、令和○○年○月○日より、東京都○○区○○１丁目１番１号（家屋番号１番１、木造瓦葺平家建、床面積５０平方メートル）の建物を家賃１か月金１０万円で賃貸しております。

　早いもので、賃貸をはじめてから既に４年余りが経過し、その間物価は上昇して、固定資産税等の租税公課も増額されております。

　つきましては、家賃を令和○○年○月分から、１か月金１１万円に値上げさせて頂きます。宜しくお願い致します。

　　　令和○○年○月○○日
　　　　東京都○○区○○２丁目２番２号
　　　　　株式会社○○不動産
　　　　　　　○○○○　　㊞
　　　東京都○○区○○１丁目１番１号
　　　　　○○○○　殿

ワンポイントアドバイス

　借地借家法によって建物の借主（借家人）は保護されているため、賃料の値上げにあたっては、とくに借地借家法32条の規定に注意を払う必要がある。賃料の値上げが認められるのは、租税等の負担が増加した場合、土地・建物の価格の上昇等の経済変動が生じた場合、周辺建物の家賃に比べて安価になった場合である。文例では物価や租税の増額を家賃の値上げの理由にしているが、具体的な理由を明記することが大切である。

賃料増額請求にもかかわらず従前の賃料相当額を受け取った旨の通知書

通知書

当社は、貴殿に下記1の土地を下記2記載の賃貸借契約に基づき、賃貸しております。しかるに、令和○○年6月20日に同年8月分の賃料から毎月2万円の増額を請求したところ、貴殿は同年8月分の賃料に関し、従来の賃料相当額を送金し、8月1日に増額拒否を通知されました。当社は、上記賃料の増額を現在も継続的に請求しております。しかし、貴殿が送金された金員は増額後の賃料に充当される点を留保して受領致します。

記

1　賃貸借の目的　土地
　　所在　東京都○○区○○1丁目25番
　　地目　宅地　　地積　120㎡
2　従来の賃貸借契約の表示
　　締結日　令和○年○月○日
　　賃料　毎月15万円（当月初日払い）
　　賃貸期間　令和○年○月○日から○年間

令和○○年8月5日
　　東京都○○区○○1丁目78番
　　　　株式会社○○不動産
　　　　代表取締役　○○○○　㊞
東京都○○区○○1丁目25番
　　賃借人　○○○○　殿

ワンポイントアドバイス

　賃借人が供託した金銭をそのまま受け取ると、増額前の賃料を認めたと判断される可能性もないわけではない。賃貸人は送金された金銭を受け取った後、文例のように「増額した賃料」に充当することを賃借人に示すことも有効である。

家賃滞納による契約解除の通知書

通知書

　当社は貴殿に対し、後記の通りの条件で、当方所有の後記の建物を賃貸しておりますが、貴殿は、令和○○年○月分から令和○○年○月分までの賃料３か月分、合計金○○万円の支払いを怠っております。つきましては、直ちに滞納額全額をお支払い下さいますよう、ご請求申し上げます。

　もし、本書面到達後７日を経過してもお支払いのない場合には、あらためて契約解除の通知をなすことなく、右期間の経過を以て、貴殿との間の本件建物賃貸借契約を解除致します。

記

1　賃貸物件
　　東京都○○区○○１丁目１番１号
　　家屋番号１番１
　　木造瓦葺２階建居宅兼店舗
　　床面積　　１階　　５０平方メートル
　　　　　　　２階　　４０平方メートル
2　家賃　　　１か月金○○万円
3　賃貸期間　令和○○年○月○日から令和
　　○○年○月○日まで
4　家賃支払期日
　　翌月分を毎月末日限り支払う
（以下、差出人・受取人の住所・氏名省略）

ワンポイントアドバイス

　３か月家賃を滞納している借家人に対して、滞納分の家賃の請求と、これを支払わない場合の解除通知をあわせて行う文例である。法律上は、民法により規定された場合（無断転貸など）以外には、無催告での解除は原則として認められていないので、文例のように家賃請求とあわせて解除通知を行うのが得策である。

解除権を行使して契約を中途解約する通知書

賃貸借契約解除の通知

　令和○○年４月１日、当社と貴社の間で締結した賃貸借契約に基づき、当社は貴社より同契約対象物件を賃借していますが、同契約書第○条第○項により、期間満了前ではありますが、令和○○年○月○日を契約終了日として、この契約を中途解約させて頂きますことをご連絡申し上げます。

　明け渡しの際には、同じく同条同項の規定に従って返還する保証金についてもお支払い下さいますようお願い申し上げます。

　令和○○年８月２０日
　　東京都○○区○○１丁目２番３号
　　　株式会社○○コンサルティング
　　　　代表取締役　　○○○○　　㊞
　　東京都○○区○○２丁目３番４号
　　　株式会社○○不動産
　　　　代表取締役　　○○○○　　殿

ワンポイントアドバイス

　文例からは、契約期間中の自己都合による借家人からの中途解約の事例と考えられるので、全体としては攻撃的・断定的ではなく、丁寧な文体の方がよい。文例の最後は、借家人に返還すべき保証金の準備についてもうながしている。

更新拒絶通知に対する異議申立書

申立書

　令和○○年４月１日付文書によって、貴殿より店舗の賃貸借契約の更新拒絶の通知を受けましたが、異議があるので申し伝えます。

　貴殿は更新拒絶の正当事由として、貴殿のご子息が同店舗でレストランを開業するためとされておりますが、貴殿は他にも店舗用不動産をお持ちで、ことさら当該物件で開業しなければならない事情は見当たりません。

　他方、当社は同店舗にて地域密着の営業を展開して支持を得ており、この地での営業は経営の基盤とも言える状況です。立退条件等を考慮しても、貴殿の更新拒絶には正当事由がありません。賃貸借契約は更新されますので、明渡要求には応じられない旨ご了解下さい。

令和○○年８月２０日
東京都○○区○○１丁目２番３号
株式会社○○サービス
代表取締役　○○○○　㊞
東京都○○区○○２丁目３番４号
○○○○　殿

ワンポイントアドバイス

　契約期間の定めがある建物の賃貸借契約につき、家主が契約更新を拒絶するには「正当事由」が必要である。文例では、家主が主張した更新拒絶の正当事由を借家人が否定している。更新拒絶に正当事由がなければ、契約が当然に更新される（契約期間は定めないものとなる）。

定期借家契約の終了通知書

通知書

　当社は貴殿に対して、東京都○○区○○２丁目２番地（家屋番号２番、木造瓦葺平家建居宅、床面積５２平方メートル）所在の建物を定期借家契約にて賃貸しております。

　本契約による賃貸期間は、令和○○年１２月３１日を以て満了し、定期借家契約は終了致しますが、契約の更新や再契約はありません。つきましては、賃貸期間満了のときに、右建物を明け渡して下さるよう、お願い致します。

　　　令和○○年○月○○日
　　　　東京都○○区○○１丁目１番１号
　　　　　　株式会社○○不動産
　　　　　　代表取締役　　○○○○　　㊞
　　　　東京都○○区○○２丁目２番地
　　　　　　○○○○　殿

ワンポイントアドバイス

　定期借家契約とは、期間満了により借家契約が当然に終了するもので、契約の更新はない。もっとも、契約期間が１年以上の場合は、期間満了の１年前から６か月前までの間に、家主が契約終了の通知を行う必要がある。文例はその通知の際に使用される。この期間を経過した後に通知を行ったとしても、家主は通知から６か月が経過すれば契約終了を主張できる。

　借家人による建物の明渡しについて、家主から借家人への立退料の支払いは不要である。その他、双方が合意すれば契約の延長は可能なので、再契約を拒否する旨も明確にしておくとよい。

賃貸借契約の更新拒絶通知書

通知書

　当社が現在貴殿に賃貸している物件、○○アパート（○○県○○市○○町８－１１－２０１）は、前回ご説明した通り、築７０年を過ぎ、老朽化の程度が著しく、耐震補強を必要としている状況にあり、大規模修繕または建替えを検討しております。

　つきましては、誠に恐縮ではありますが、来たる令和○○年１０月３１日付けで終了する貴殿との賃貸借契約の更新を拒否致したく思い、その旨をご通知申し上げます。

　なお、当社と致しましても、貴殿に対し、立退料○○○万円をお支払い致しますので、事情をお汲み頂き、期日までに物件を明け渡して下さいますようお願い申し上げます。

　　　令和○○年○月○○日
　　　　○○県○○市○○町１－８－９
　　　　株式会社○○不動産
　　　　　　○○○○　　㊞
　　　○○県○○市○○町８－１１－２０１
　　　　　○○○○　　殿

ワンポイントアドバイス

　借地借家法によると、家主の更新拒絶に正当事由がない限り、同じ条件で契約が更新される（契約期間の定めはなくなる）。更新拒絶の文書を送付する場合、とくに正当事由（物件の自ら利用する理由、立退料の支払いなど）を具体的に明記し、借家人の理解を得る必要がある。

ゼロゼロ物件から追い出された場合の業者に対する請求書

請求書

　私は、令和○○年○月○日に東京都○○区○○×丁目×番×号にある建物の一室を敷金・礼金ゼロという条件で貴社から賃借したのですが、令和○○年○月○日に帰宅したところ、戸の錠が付け替えられており、入室することができませんでした。

　事情を問い合わせたところ、「家賃の支払いが遅れたので解約した」と一方的に通告されました。貴社のこのような行為により私は精神的な損害を被った他、ホテルに宿泊したり新たに住居を探したりするための金銭的な損失を被りました。

　そのため、当方に生じた損害２００万円につきまして貴社に請求させて頂きます。

　　令和○○年○月○日
　　　　東京都○○区○○１丁目２番３号
　　　　　　○○○○　　㊞
　　東京都○○区○○３丁目４番５号
　　　　株式会社○○不動産
　　　　代表取締役　　○○○○殿

ワンポイントアドバイス

　敷金・礼金ゼロという**ゼロゼロ物件**によるトラブルが多発している。たとえば、突然の追い出しや法外な違約金の請求といったトラブルがあるため、損害を被った場合、まずは文例のような請求を申し入れるのがよいだろう。

退去時に不当な修繕費を請求された場合の貸主に対する抗議書

抗議書

　私は、令和〇〇年〇月〇日、貴殿所有の物件（大阪府〇〇市〇〇町〇番〇号）について貴殿との賃貸借契約を解消し、同日明渡しをしました。その際、双方立ち会いのもと、室内の確認を行い、口頭により「修繕費は不要」との合意を得ました。

　ところが令和〇〇年〇月〇日に貴殿より送付された通知書によると、「調査の結果〇〇万円の修繕費が必要であり、敷金を充当の上、不足分の〇〇万円を請求する」と記載されております。私としては、修繕の原因は私の居住の仕方によるものではなく、所有者である貴殿が責任を負うべきものと考えます。

　したがって、請求に応じることはできませんので、ご了承下さい。

　　令和〇〇年〇月〇日
　　　　東京都〇〇区〇〇１丁目２番３号
　　　　　　〇〇〇〇　　㊞
　　大阪府〇〇市〇〇３丁目４番５号
　　　　〇〇〇〇殿

ワンポイントアドバイス

　敷金は賃料の滞納などがあったときに充当される。借主のたばこが原因で畳に焼けこげができたなどといった場合に、修繕費として敷金を充当することはあるが、多くの場合は退去時に速やかに返還されなければならない。なお、年月を経たことによる摩耗（経年変化）、建物自体の修繕などは、所有者である家主が費用負担すべきものである。

借家人が退去する場合の立退き料請求書

請求書

　当方は、令和○○年○月○日、貴殿より賃借している住居（東京都○○市○○1丁目2番3号）から1か月以内に立ち退くよう要求されました。

　当方としては急な話であり、子供の学校生活に支障をきたすなど、さまざまな面で不都合を生じる要求であり、立退きが必要となった理由はあくまでも貴殿の都合であり、当方には何の落ち度もありません。

　ただ、貴殿の事情を考慮し、立退きにかかる費用○○万円を貴殿がご負担下さることを条件に立退きを受諾することにいたしました。つきましては、今回の立退きにかかる費用○○万円を貴殿がご負担下さるよう、請求致します。

　　令和○○年○月○日
　　　　東京都○○市○○1丁目2番3号
　　　　　　　　○○○○　　㊞
　　東京都○○市○○3丁目4番5号
　　　　○○○○殿

■ ワンポイントアドバイス

　立退き料については、借家人に請求権があるわけではない。ただ、契約期間の途中だった場合や、借家人に賃料不払いや契約違反（禁止されているにもかかわらずペットを飼育したなど）といった契約解除の事由となる行為がない場合、家主が更新拒絶をする場合は、交渉次第で立退き料を支払ってもらえる可能性がある。

借家人から家主への造作買取請求書

造作買取請求書

　私は、令和○○年○月○日より２年間、貴殿から東京都○○区○○×丁目×番×号にある建物を賃借しておりました。

　建物には、賃借期間中の令和○○年○月○日に、貴殿の承諾を頂き、設置した造作である空調設備が付いています。

　私と貴殿との賃貸借契約は、令和○○年○月○日に終了しました。つきましては、上記造作を、その時価である金○○万円で買い取って頂けますよう請求致します。

　　令和○○年○月○日
　　　　東京都○○区○○１丁目２番３号
　　　　　　　　○○○○　　㊞
　　東京都○○区○○３丁目４番５号
　　　　○○○○殿

ワンポイントアドバイス

　造作とは、建物の価値を客観的に高めるため、借家人が建物の中に設置する取付品のことである。たとえば、畳・エアコン・雨戸がこれに該当する。借家人が家主の同意を得て造作を設置しており、造作買取請求権を廃除する特約がない場合には、借家人が設置した造作を契約終了時に家主に買い取ってもらえる。内容証明郵便には、造作に際し家主の同意をもらっていることと、買取費用を記載しておく。

文例31

借家人から家主への修繕費用の支払請求書

　　　　　　　　　　　請求書

　私は、令和○○年○月○日より２年間契約で、貴殿から東京都○○区○○１丁目２番３号にある建物を賃借しております。

　上記建物は雨漏りがひどく、私は、貴殿に対して、幾度となく、屋根の修繕工事をお願いしてきましたが、いまだに修繕がなされていません。

　そのため、私のほうで業者に頼み、修繕をさせてもらいました。修繕費用は金○○万円かかり、私が支払いました。

　つきましては、本書面により修繕費を請求させて頂きます。なお、修繕費は、本書面到達より２週間以内にお支払い頂きますようお願い申し上げます。

　　令和○○年○月○日
　　　　東京都○○区○○１丁目２番３号
　　　　　　　　○○○○　　㊞
　　東京都○○区○○３丁目４番５号
　　　　○○○○殿

ワンポイントアドバイス

　家主は、貸家に欠陥があれば、必要な修繕をしなければならない（民法606条）。このとき、借家人が自腹で欠陥の修繕をした場合には、家主に対し修繕費用を請求することができる（必要費償還請求）。請求する際には、修繕費用を肩代わりしたことと、実際にかかった修繕費用を記載しておく。

　なお、業者の請求書を文例の内容証明郵便と同封して送付することはできない。送付するのであれば、別途送付する必要がある。

208

借家人から家主への敷金返還請求書

請求書

　私は、令和○○年○月○日より○年間契約で、貴殿から東京都○○区○○×丁目×番×号にある建物を賃借しておりました。上記の賃貸借契約は、令和○○年○月○日に終了し、既に建物の明渡しも済んでおります。しかし、賃貸借契約を締結する際に、貴殿に交付した敷金○○万円が未だに返還されておりません。

　建物の明渡し時に確認されたように、私は本件建物を通常の用法に従って使用しており、とくに部屋を汚損や破損したようなことはありませんでした。そのため、敷金が一切返還されないことはあり得ないと考えます。速やかに敷金を返還して下さい。

　　令和○○年○月○日
　　　　東京都○○区○○１丁目２番３号
　　　　　　　　○○○○　　　㊞
　　　東京都○○区○○３丁目４番５号
　　　　　○○○○殿

ワンポイントアドバイス

　2020年４月施行の改正民法622条の２により、敷金について条文化された。敷金は、賃貸借契約が終了し、かつ、家主が目的物の返還を受けたときに、借主に対し返還しなければならない。つまり、借家人の家主に対する敷金返還請求権の発生条件は、借家人が建物を明け渡したことである。明渡し後に敷金が返還されない場合は、内容証明郵便で請求するとよい。敷金の返還額に納得がいかない場合も、内容証明郵便で異議を述べるとよい。その際、常識の範囲内できれいに使っていたことを記載しておく。

更新料の返還を求める請求書

請求書

　私は令和○○年○月○日、アパートの賃貸借契約の更新の際に更新料として貴社に金３０万円を納入しましたが、その後一身上の都合により、貴社の了承を得てアパートを退去するに至りました。

　更新料につきましては、「契約書の条項通り、支払済みの更新料の返還は認められない」とのことでしたが、賃料や更新される契約期間を考えるとあまりに高額な更新料であり、入居者の利益を一方的に害する不当なものであり、消費者契約法第１０条に反する無効な条項と考えます。したがって、右更新料として支払った金３０万円の返還を請求するとともに、支払なき場合は法的措置も検討している旨を合わせてお伝え致します。

　　令和○○年○月○日
　　　東京都○○区○○１丁目２番３号
　　　　　○○○○　　㊞
　　東京都○○区○○３丁目４番５号
　　　　株式会社○○不動産
　　　　代表取締役　　○○○○殿

ワンポイントアドバイス

　更新料の支払いは慣行として定着しているが、法律上とくに規定はない。最高裁判決によると、更新料の額が高額に過ぎるなどの特段の事情がない限り、更新料条項は必ずしも消費者契約法10条違反として無効とは扱われない。

文例34

賃借権の譲渡の承認を求める通知書

通知書

　私は、貴殿との間で、以下の条件で建物の賃貸借契約を締結しております。

1　契約日　　令和○○年○月○日
2　物件　　　所在　東京都○○区○○1丁目1番1号

　　　　　　家屋番号　1番1
　　　　　　種類　　　居宅
　　　　　　構造　　　木造瓦葺2階建
　　　　　　床面積　　1階　50平方メートル
　　　　　　　　　　　2階　40平方メートル
3　賃料　　　1か月○○万円
4　支払期日　翌月分を毎月末日限り支払う
5　契約期間　令和○○年○月○日から令和○○年○月○日まで

　私は、この度ロンドンへの転勤に伴い、上記賃借権について、私の妹の○○○○に譲渡致したく存じます。つきましては、この賃借権譲渡をご承諾頂きますよう、宜しくお願い申し上げます。

　令和○○年○月○日
　　東京都○○区○○1丁目2番3号
　　　　　　○○○○　　㊞
東京都○○区○○3丁目4番5号
　　○○○○　殿

ワンポイントアドバイス

　本文例のように、賃借権を譲渡する場合、あるいは、有効に転貸を行うためには、賃貸人の承諾が必要である。承諾を求める通知書には、譲受人(あるいは転借人)が誰であるのかを明らかにする必要がある。

賃借人の賃借建物を不法占拠する者に対する返還請求書

請求書

　私は、令和○○年○○月○○日に、賃貸人○○○○との間で、下記土地につき賃貸借契約を締結し、同土地を賃借するとともに、賃借権の登記も備えています。

　ところが、令和○○年△△月△△日頃より、貴殿が同土地上に建物を建設しているなどの事実が確認されました。しかし、貴殿は、私との面識もなく、また、賃貸人○○○○より、同土地の利用に関して正当な許可を得ていませんので、貴殿の行為は、不法占拠行為です。つきましては、民法605条の4に基づき、貴殿が建設した建物を撤去するとともに、同土地の私への明渡しを請求致します。

不動産の表示

所在　○○県○○市○○区○丁目○番
地番　○番○
地目　宅　地
地積　82.0㎡

　令和○○年□□月□□日
　　東京都○○区○○1丁目2番3号
　　　　　○○○○　㊞
　東京都○○区○○3丁目4番5号
　　　　　○○○○　殿

ワンポイントアドバイス

　2020年4月施行の民法改正により、かつては解釈により認められていた、賃借人が賃借権に基づき、賃借物の不法占拠者に対する妨害排除請求などを行うことができると明記された（改正民法605条の4）。この場合、賃借人は賃借権の対抗要件（第三者に賃借権を主張するための要件）として、賃借権を登記する必要がある。

マンション管理組合からマンション管理会社に対する履行請求書

　　　　　　　　　　請求書

　当○○マンション管理組合は、貴社との間で管理委託契約を締結し、貴社は、当マンションにて毎日午前8時より午後5時まで一般管理業務に従事する管理人を派遣することとなっております。しかし、貴社は、令和○○年○月○日以来、業務に従事する管理人が見つからないなどを理由に管理人を派遣しておりません。

　このことに対して、当マンション内、各区分所有者より多数の苦情が寄せられております。

　よって、早急に前記管理委託契約に基づき、管理人を派遣されるように催告致します。

　なお、貴社の履行がない場合は、右契約を解除するとともに、損害賠償請求もする所存であることをご承知下さい。

　　令和○○年○月○日
　　　　東京都○○区○○1丁目2番3号
　　　　　　　○○マンション管理組合
　　　　　　　　理事長　○○○○　㊞
　　東京都○○区○○3丁目4番5号
　　　　　　　○○株式会社
　　　　　　　代表取締役　○○○○殿

ワンポイントアドバイス

　マンション管理組合は、通常、管理会社との間でマンションの管理委託契約を結び、管理を代行してもらっている。もし、管理会社がマンションの管理を行わない場合、管理組合は契約を解除することができ、その間に発生した損害賠償もあわせて請求できる。

マンション管理組合からマンション組合員に対する管理費請求書

請求書

　当マンションでは、管理費として、月額３０００００円を納めることとなっております。

　しかしながら、貴殿にお支払い頂くべき、２０４号室の管理費が令和○○年２月より令和○○年６月まで（５か月分合計１５００００円）未納となっております。つきましては、この管理費合計１５００００円を直ちにお支払い下さるよう要求致します。

　なお、当管理組合は管理費の長期滞納者については総会収支報告の際、氏名を公表することになっておりますので、悪しからずご承知下さい。

　　　令和○○年○月○日
　　　　　東京都○○区○○１丁目２番３号
　　　　　　　○○マンション管理組合
　　　　　　　　理事長　　○○○○　　㊞
　　　東京都○○区○○１丁目２番３号
　　　　　○○マンション２０４号
　　　　　○○○○殿

　マンションの所有者は、当然に管理組合の組合員となるので、管理組合に対し管理費の支払義務がある。組合員が管理費を滞納した場合、管理組合は、組合員に対し訴訟などの法的手続をとることができる。文面には、何か月分を滞納しており、その合計金額がいくらであるかを記載する。

第8章

近隣・住環境などに関する
トラブル

騒音を理由とする隣家に対する損害賠償請求書

請求書

　私は、貴殿が、営業しているスナック「○○○○」の隣家に住んでいる者ですが、貴殿の店から流れてくるカラオケ等による騒音に悩まされています。

　貴殿の店は、深夜１２時過ぎまで営業しているため、私を含めて家族は、それまで、安眠することができません。

　つきましては、本書面到達後、直ちに防音装置を設置するなど、音がもれないよう措置をとられるよう、ご請求致します。

　もし、何らかの措置がとられず、騒音が続くような場合には、やむなく法的手段に訴える用意があることを、念のため申し添えておきます。

　　　令和○○年○月○日
　　　　　東京都○○区○○１丁目２番３号
　　　　　　　○○○○　　㊞
　　　東京都○○区○○１丁目２番４号
　　　　　○○○○殿

ワンポイントアドバイス

　通常の生活で発生する騒音はがまんしなければならないが、がまんの限度（受忍限度）を超える場合には**不法行為**を理由に損害賠償を請求できる可能性がある。かなりの音量を発生させるカラオケ機器などを設置している者に対しては、防音装置の設置を請求するとよいだろう。請求する際には、自分たちの窮状を訴え、相手に改善処置を促すような文面にする。

日照権侵害を理由とする建築主に対する損害賠償請求書

請求書

　私は、貴殿がこの度、建築された７階建ての建物の隣に住居を構えているものです。貴殿の建物によって、私が居住している建物は午前１０時以降は日があたらなくなり、昼でも電気をつけなければならない状況になっています。

　このような生活環境の悪化は、一般的にがまんできるレベルを超えるものです。そのため、本書面到達後、２週間以内に、損害賠償として○○○万円を支払って頂くよう請求致します。

　　令和○○年○月○日
　　　　東京都○○区○○１丁目２番３号
　　　　　　　　○○○○　　㊞
　　東京都○○区○○１丁目２番９号
　　　　○○○○殿

▶ ワンポイントアドバイス

　日照権とは、住宅の所有者や居住者が、住居にあたる太陽光の確保を求める権利である。日照権を確保するために、建物を取り壊すことは、実際問題として困難である。そのため、損害賠償によって解決をはかることになる。ただ、損害賠償額の算定が難しいため、弁護士などの専門家に相談することが必要だろう。

　送付先は、原則として日照権侵害の原因となっている建物の所有者だが、建築前から再三にわたって建築中止を求めていた場合には、建築した不動産業者やデベロッパー（開発業者）にも請求できる余地がある。

建物でケガをした場合の所有者に対する損害賠償請求書

損害賠償請求書

　私は、貴殿が経営する「グランドホテル△△」に、令和○○年○月○日に宿泊した際、２階２０５号室に続くバルコニーに出て柵に手をかけたところ、柵が外れ、庭に転落し、左大腿骨骨折等の傷害を負いました。

　これは上記建物の設置または保存に欠陥があったために生じたものであるので、上記建物の占有者及び所有者である貴社には民法第７１７条第１項による損害賠償義務があります。上記傷害による私の損害は別途お送りした計算書記載の通り○○万円となりますので、速やかにこれをお支払い下さるよう請求致します。

　　　令和○○年○月○日
　　　　　東京都○○区○○１丁目２番３号
　　　　　　　　○○○○　　㊞
　　　東京都○○区○○３丁目４番５号
　　　　　株式会社グランドホテル△△
　　　　　代表取締役　　○○○○殿

ワンポイントアドバイス

　土地の工作物の設置または保存に欠陥（瑕疵）があり、それによって他人に損害を生じさせた場合、工作物の占有者または所有者に工作物責任（民法717条）が生じる。原則としては占有者が工作物責任を負うが、占有者に落ち度がなければ所有者が工作物責任を負う（文例では占有者と所有者が同じである）。内容証明郵便には、相手の施設にどのような欠陥があり、自分にどのような損害が生じたのかを具体的に記載しておく。

マンション建築の差止め及び損害賠償を求める請求書

請求書

　令和○○年○月から行われているマンションの建築工事ついて、当初の貴社の説明では、近隣住民の生活環境に十分配慮して工事を行うとのことでした。

　しかし、実際に工事が始まってみると、工事は、昼夜関係なく、平日だけでなく土日も行われ、工事に伴う騒音や振動はひどく、貴社の説明とは程遠い状態となっております。

　貴社の工事による騒音や振動により、私共近隣住民の平穏な生活は著しく侵害され続けています。よって私共近隣住民１３軒は土日祝日と平日午後６時以降の工事の中止を要求し、あわせて、これまで私共が受けた損害の賠償として○○○万円を請求致します。

　　令和○○年○月○日
　　　　東京都○○区○○１丁目２番３号
　　　○○マンションの建築に反対する有志の会
　　　　　　　　代表　　○○○○　　㊞
　　東京都○○区○○３丁目４番５号
　　　　○○株式会社
　　　代表取締役　　○○○○殿

ワンポイントアドバイス

　工事は日常的に行われるものなので、工事によって発生する騒音については、ある程度がまんしなければならない。ただ、深夜まで工事をしている場合や、土日祝日も工事をしている場合は、受忍限度を超えていると考えられるので、工事の中止の請求をするとよい。また、工事の騒音により損害が生じている場合は、あわせて損害賠償も請求する。

迷惑駐車の中止を求める警告書

警告書

　貴殿は、私が経営する飲食店の前に、何度となく、違法駐車をされております。そのため、店の出口をふさがれ、経営に支障が生じています。

　当方より、度々ご注意申し上げたにもかかわらず、貴殿は、一向に違法駐車を止めようとはしません。

　つきましては、かかる行為は今後一切お止めになって頂きますよう、本書面を以て重ねて警告致します。

　なお万一、貴殿が今後この警告を無視するような行為を行えば、当方としましては、断固として法的手段に訴える用意があることをご承知おき下さい。

　　令和○○年○月○日
　　　東京都○○区○○１丁目２番３号
　　　　　○○○○　　㊞
　　東京都○○区○○３丁目４番５号
　　　　○○○○殿

ワンポイントアドバイス

　迷惑駐車の中止請求は、口頭で直接行うのがいちばんよいが、それでも改善されない場合には、内容証明郵便を送り、相手にこちらが本当に迷惑していることをわかってもらう。警告に応じて迷惑駐車が改善されればこれで十分だが、相手に反省する気配がない場合は、訴訟などの法的手段をちらつかせることも必要となる。

隣地所有者の越境建築の中止を求める警告書

警告書

　私は貴殿の所有地の隣地を所有している者です。

　令和○○年○月○日現在、貴殿は、本土地上に建物を建築しておりますが、その建物の壁が私の土地にはみ出ています。

　従いまして、貴殿の建築中の建物のうち、私の所有地に越境している部分の建築工事を直ちに中止し、既に着工している部分を撤去の上、貴殿の敷地内に建築することを請求致します。

　なお、本書面到達後も貴殿が工事を中止されないのであれば、当方は、裁判所に工事の差止めを求める用意のあることを申し添えます。

　　　令和○○年○月○日
　　　　　東京都○○区○○１丁目２番３号
　　　　　　　　○○○○　　印
　　　東京都○○区○○３丁目４番５号
　　　　　○○○○殿

ワンポイントアドバイス

　建物の完成後に請求すると、境界の位置関係がはっきりしなくなり、解決に時間がかかってしまう。解決しても越境部分の建物の取壊しは現実的でないので、損害賠償ですまされる可能性が高い。相手の建築中の建物が自分の土地におよんでいる場合は、すぐに内容証明郵便で工事の中止を求め、場合によっては訴訟の提起も検討すべきである。

隣地建物所有者に対して目隠し設置を要請する請求書

請求書

　貴殿の建物は、私の土地の西側境界線から１m以内のところにあり、東側の縁側からは、私の宅地が観望できるようになっておりますが、隣接面の貴殿の建物には目隠しが設置されておりません。

　境界線から１m未満のところに、他人の宅地を見通すことができるような縁側があるときには、民法第２３５条により、目隠しを設置することが義務付けられています。

　よって、速やかに目隠しを設置するよう本書面により請求致します。

　　令和○○年○月○日
　　　　東京都○○区○○１丁目２番３号
　　　　　　　　○○○○　　印
　　東京都○○区○○１丁目２番４号
　　　　○○○○殿

ワンポイントアドバイス

　民法235条は、プライバシーを確保するため、境界線より１m未満の距離において、他人の宅地を観望できる（見通せる）窓または縁側を設ける者は、目隠しをつけなければならないと規定している。そのため、相手方が目隠しをしない場合には、民法235条の規定を根拠にして目隠しの設置を請求する。

　なお、目隠しとは観望を遮るものを指す。たとえば、塀の設置や木の生垣により視界を完全に遮ることができれば目隠しといえる。しかし、窓にブラインドやカーテンを設置しただけでは、いつでも開けることができるため、目隠しにはあたらないと考えられている。

敷地内に枝が伸びている場合の隣家に対する切除の請求書

請求書

　貴殿が所有する○○県○○市○○町１１１番地の土地上に生えている松の木の枝が私の所有地（○○県○○市○○町１１２番地）に２ｍ程伸びてきております。この枝が、私の敷地内に建てている倉庫の壁に突き当たってキズをつけており、困っております。

　つきましては、貴殿所有の松の枝のうち私の所有地内に越境している部分を、速やかに切除して頂きますよう本書面にて請求致します。

　　　令和○○年○○月○△日
　　　　○○県○○市○○町１１２番地
　　　　　　○○○○　　　㊞
　　　○○県○○市○○町１１１番地
　　　　○○○○殿

ワンポイントアドバイス

　自宅の敷地内に伸びているのが隣家の樹木の「根」である場合は、自らの判断で越境している部分を切除できる。しかし、それが隣家の樹木の「枝」である場合は、隣家の所有者に対して枝の切除を要求できるだけで、自らの判断で勝手に切除できない（民法233条）。そのため、隣家の樹木の枝が自分の敷地内に伸びているときは、隣家の所有者に対して、その切除を要求することになる。隣家の承諾を得ずに勝手に枝を切ってしまうと、不法行為（民法709条）となってしまい、隣家から損害賠償請求を受ける可能性がある。そこで、隣家が切除の要求に応じないときは、訴訟を提起することを検討する必要がある。なお、根についても、自ら切除するのではなく、相手方に要求するのが無難である。

越境して塀を設置する隣家に対して工事中に送る警告書

警告書

　去る令和○○年○○月○○日、貴殿が所有する○○県○○市○○町１１２番地の土地上に住居を新築する工事を始めるとのことで、貴殿が私に立会いを求められました。貴殿と私は、貴殿の土地と私の所有地との境界を確認し、令和○○年○○月××日に境界標を設置致しました。ところが、住宅が完成した翌日の令和○○年△△月△△日、貴殿は私の土地との境界線の中心線から３０ｃｍも私の土地側まで越境して掘削し、塀を設置する工事を始めました。つきましては、私が所有する土地に越境している塀を設置する工事を速やかに中止し、原状に戻されますよう、本書面にて申し入れ致します。なお、貴殿が直ちに工事を中止し原状に戻さない場合には、法的手段もとる所存であることもご通知致します。

　　　　令和○○年○○月○△日
　　　　　○○県○○市○○町１１１番地
　　　　　　　　○○○○　㊞
　　　　○○県○○市○○町１１２番地
　　　　　　○○○○殿

ワンポイントアドバイス

　隣家との境界線の中心線が一致する位置に塀など（囲障）を設置する場合は、隣家と費用を折半できる（民法225条１項）。他方、隣家が中心線を越えて塀などを設置した場合は、自らの土地所有権を侵害した不法行為となるので、問題が拡大する前に工事中止を求めることが必要である。

契約時と実際の境界が異なる場合の売主に対する代金減額請求書

代金減額請求書

　私は、令和○○年○月○日、貴殿が所有していた○○県○○市○○町１１１番地の土地６０坪を、１８００万円（１坪あたり３０万円）で購入致した者です。先日、隣地を所有する△△△氏の説明を聞いたところ、実際の境界は上記売買契約の基準とした境界標よりも内側にあり、真の境界を基に測量し直すと、私が購入した土地の実測面積は６０坪より８坪少ない５２坪であることが判明致しました。つきましては、支払い済みの１８００万円のうち８坪の代金である２４０万円の返還を請求致します。

　　　令和○○年○○月○△日
　　　　　○○県○○市○○町１１１番地
　　　　　　　　○○○○　　㊞
　　△△県△△市△△町１２３番地
　　　　○○○○殿

ワンポイントアドバイス

　土地の面積が契約時に示された面積よりも小さい場合で、買主に帰責事由（落ち度）がないときは、売主の契約不適合責任に基づき、不足分について代金の減額請求ができる（民法563条）。

境界の杭を除去して新たな柵によって越境された場合の抗議書

抗議書

　私は、貴殿の所有する○○県○○市○○町１１２番地の前所有者△△△氏との間において令和○○年○○月○○日に上記土地と私の所有する同町１１１番地の土地との境界を確定し、お互いに費用を負担して境界標として杭を設置しておりました。ところが、△△△氏より上記土地を譲り受けた貴殿は、令和○○年○○月○○日に私に断りなく境界標である杭を引き抜いて境界をわからなくした上、元の境界から１ｍも私の土地側に越境して柵を設置しました。つきましては、私の土地内に不法に設置した貴殿の柵を早急に取り除き、移動した杭を元の場所に戻すように請求致します。なお、本書面到達後１４日以内に、貴殿より誠意ある回答が得られない場合には、法的手続をとる所存でありますことを申し添えておきます。

　　　　令和○○年○月○日
　　　　　　○○県○○市○○町１１１番地
　　　　　　　　○○○○　　㊞
　　　　○○県○○市○○町１２３番地
　　　　　　○○○○殿

ワンポイントアドバイス

　境界標を移動して土地の境界を認識できないようにすると、刑法262条の2の規定（境界損壊罪）により処罰される。また、民法709条の**不法行為**により、差止請求や損害賠償請求をすることもできる。

マンション建築で眺望が害されるのを防ぐ場合の抗議書

抗議書

　私たちは、貴社が販売した東京都○○市○町○番○号の○○マンションを所有しておりますが、令和○○年○月○日、株式会社○○より隣地にマンションが建設される旨の説明を受け、南側ベランダからの眺望がまったくなくなることを知りました。

　販売時、貴社から「隣地も当社の所有であり、他社のビル建築などにより眺望が害されることは絶対にない」との説明を受けて購入を決めた人がほとんどである当マンションの所有者にとって、今回の隣地マンション建設は受け入れがたいものです。

　つきましては、貴社から株式会社○○に対し、眺望が害されるような建設をとりやめるよう働きかけるなど、対応をとることを要望致します。なお、誠意ある対応がない場合には、損害賠償請求を求めるなどの法的措置をとる所存であることを申し添えます。

　　令和○○年○月○日
　　東京都○○市○町○番○号○○マンション
　　　　　管理組合理事長○○○○　　㊞
　　東京都○○区○○○丁目○番○号
　　　　株式会社○○
　　　　代表取締役　○○○○殿

ワンポイントアドバイス

　眺望に対する利益は法律上とくに規定がなく、単に見晴らしがよいだけでは法的に保護されない。ただ、眺望をセールスポイントにして販売したような場合は、債務不履行として売主に損害賠償を請求できる可能性がある。

マンションで雨漏りする場合の販売会社に対する請求書

請求書

　当管理組合の組合員は、貴社と令和○○年○月○日竣工の大阪府○○市○○○番○号のマンション○○の購入契約をそれぞれ締結しました。同年○月○日に入居が始まり、２年が経過致しましたが、令和○○年○月○日の豪雨の際、共用部分である廊下に雨漏りが発生する箇所があることが判明しました。

　つきましては、下記の通り請求致しますので、早急にご対応下さい。

記

1　雨漏り箇所の特定及び原因の調査
2　調査内容の報告及び適正な修繕
3　雨漏りにより汚損した設備の損害賠償

令和○○年○月○日
　　　大阪府○○市○○○番○号
　　　マンション○○管理組合理事長
　　　　　　　○○○○　　㊞
大阪府大阪市○○区○○丁目○番
　　　株式会社○○
　　　代表取締役　　○○○○殿

ワンポイントアドバイス

　雨漏りや建物の構造上の主要な欠陥（瑕疵（かし））に関しては、「住宅の品質確保の促進等に関する法律」により、新築住宅の引渡しから最低10年間は、売主が**瑕疵担保責任**（契約不適合責任）を負うことが規定されている。請求内容としては、修繕、代金減額、損害賠償がある。

隣家の悪臭で被害を受けている場合の抗議書

抗議書

　当方は、貴殿の敷地内に大量に放置されたごみから発せられている悪臭に長年悩まされ続けております。1年を通して窓もあけられず、洗濯物も外に干せない状態です。この件について、貴殿に改善してくれるよう、再三口頭で申し入れましたが、未だ何の対応もして頂けていません。

　この度、家人が悪臭による体調不良を発症する結果となったことから、不本意ではありますが、書面を以て悪臭防止策の実行を求める申し入れをさせて頂きます。なお、本書面到達後1週間以内に悪臭防止策が取られない場合は、訴訟などの法的措置をとる所存ですので、ご了承下さい。

　　令和○○年○月○日
　　　　東京都○○市○○町○番○号
　　　　　　　　○○○○　㊞
　　東京都○○市○○町○番○号
　　　　○○○○殿

ワンポイントアドバイス

　悪臭や騒音などにより、生活上の不便を強いられる、体調不良を起こすなどの問題が生じている場合、その原因を作っている者に損害賠償を請求できる。ただ、相手が隣家の場合は、その後のつきあいもあるので、いきなり内容証明郵便は出さず、話し合いでの解決をめざすほうがよい。

ゴミを不法投棄する居住者に対する抗議書

抗議書

　当方は、東京都○○市○○○番○号の土地所有者です。令和○○年○月○日、この土地の隣地に居住している貴殿が、この土地にゴミを不法投棄しているのを確認しました。

　これまで、当方で不法投棄されたゴミを処分し、不法投棄をしないよう呼びかける看板を設置するなど対応してきましたが、まったく改善の気配がありません。このような行為は明らかに不法行為であり、即刻やめるよう強く要求致します。

　なお、本書面到達後も改善が認められない場合は、訴訟などの法的措置をとる用意があることを申し添えます。

　　令和○○年○月○日
　　　東京都○○区○○○丁目○番○号
　　　　　　○○○○　　㊞
　　東京都○○市○○○番○号
　　　　○○○○殿

ワンポイントアドバイス

　ゴミの廃棄については、「廃棄物の処理及び清掃に関する法律」でその方法などが規定されており、これに違反すれば罰金などが科せられる。私有地に不法投棄されたゴミの投棄者がわからない場合は、土地所有者が廃棄しなければならないので注意が必要である。投棄者が判明すれば、違法な投棄が**不法行為**となるので、被害について損害賠償を請求することができる。

違法にマンションの一室で民泊経営をしている事業者への抗議書

抗議書

　　○○マンション管理規約第○条○項には、○○マンションの専有部分において、民泊経営を行うことを禁止しています。

　　しかるに貴殿は、○○マンション○○○号室を利用して違法に民泊経営を行い、騒音などによって近隣住民の住環境を著しく悪化させています。貴殿の行為は、明らかに上記規約に違反するものであり、管理組合としても再々にわたり貴殿に対し、口頭で民泊経営を中止するよう警告をしてきましたが、貴殿はこれに応じることなく、いまだ違法に民泊経営を続けています。

　　よって、あらためて本状を以て、民泊経営の中止を求めます。なお、本状到達後も、民泊経営を中止されないときは、マンション管理規約に基づき、しかるべき措置を講じることになりますことを申し添えておきます。

　　　　令和○○年○月○日
　　　　　　東京都○○区○○○丁目○番○号
　　　　　　　○○マンション管理組合
　　　　　　　　理事長　　○○○○　　㊞
　　　東京都○○区○○○丁目○番○号
　　　　　○○マンション２０４号
　　　　　○○○○殿

ワンポイントアドバイス

　2018年6月に「住宅宿泊事業法（民泊新法）」が施行され、全国的に民泊が解禁されたが、マンションの一室などで民泊経営を行うには、当該マンションの管理規約に民泊禁止条項がないことが要件となる。そのため、管理規約で明確に民泊が禁止されている場合は、民泊の営業停止や損害賠償を請求できる（区分所有法57条）。

文例17

空き家の所有者に撤去を要求する要望書

要望書

　当方は、貴殿が所有する○○市○○区○町○○番地の建物の南隣に建物を所有する者ですが、空き家のまま放置されている貴殿所有の建物は老朽化が進み、倒壊の危険性が極めて高く、このまま放置すれば私が所有する建物に損害を及ぼす恐れがあります。

　つきましては、所有権に基づく妨害予防請求として、貴殿所有の建物の撤去を請求します。万が一、撤去していただけないときは、遺憾ではございますが法的措置を講ずる所存であることを申し添えます。

令和○○年○月○日
　　東京都○○区○○○丁目○番○号
　　　　　　○○○○　　㊞
東京都○○市○○○番○号
　　○○○○殿

ワンポイントアドバイス

　隣家の建物が倒壊して自宅に損害を及ぼす危険性がある場合には、所有権に基づいて、妨害の予防を請求することができる。具体的な請求内容としては、文例にある建物の撤去の他、補強工事などもあてはまる。

第9章
その他のトラブル

婚姻届不受理の申出をしたのに届出を受理した役所に対する抗議書

抗議書

　私は、令和○○年○月○日に、○○○○氏との婚約を解消しました。その後、令和○○年○月○日に、○○区役所に、婚姻届の不受理申出を致しました。

　ところが、○○区役所のミスにより、婚姻届が受理されてしまいました。そのため、婚姻無効の裁判をすることとなり、かなりの費用がかかりました。

　よって、○○区役所に対して、今回のミスについて抗議をするとともに、裁判費用として支払った金○○万円を請求致します。

　　令和○○年○月○日
　　　　東京都○○区○○１丁目２番３号
　　　　　　　○○○○　　㊞
　　東京都○○区○○３丁目４番５号
　　　　○○区
　　　　区長　　○○○○殿

ワンポイントアドバイス

　文例では婚姻届の不受理申出をしたにもかかわらず、婚姻届が受理されたため、区役所に抗議している。婚姻届が受理されると戸籍上は夫婦とされてしまうので、さまざまな場面で支障をきたすことがある。さらに、文例では役所に裁判費用を請求しているが、これは婚姻無効を理由に戸籍を訂正（抹消）する場合には、原則として、裁判所による婚姻無効の確定判決を得ておく必要があるからである。

正当な理由もなく他人に戸籍謄本を交付した役所に対する抗議書

抗議書

　私は、令和○○年○月頃より、いくつかの
ホームページ内の書き込みにより、誹謗中傷
を受けています。

　その一部に、私の祖父母や両親の氏名や生
年月日、本籍などを書き込んでいるものがあ
りました。

　そのため、プロバイダを通して調査したと
ころ、まったくの他人である者が、興味本位
で、私や家族の戸籍謄本の交付を請求してい
たことがわかりました。

　○○区役所が、正当な理由もなく、私の戸
籍謄本を交付していたことに対して、抗議致
します。

　また、この件について、法的手段をとる用
意がありますので、念のため申し添えておき
ます。

　　令和○○年○月○日
　　　　東京都○○区○○１丁目２番３号
　　　　　　　○○○○　　㊞
　　東京都○○区○○３丁目４番５号
　　　　○○区
　　　　区長　　○○○○殿

ワンポイントアドバイス

　正当な理由もなく、まったくの他人に戸籍謄本を交付した場合は、役所の
責任を問うことができる。戸籍は個人のプライバシーに関わる記載も多いの
で、戸籍の交付で損害を受けた場合には、国家賠償法１条に基づいて損害賠
償を求めることもできる。

学校施設の欠陥が原因で死亡した生徒の親による損害賠償請求書

請求書

　私のひとり息子○○は、令和○○年○月○日、水泳部の早朝練習の際、プールの排水溝に吸い込まれ死亡しました。

　泳いでいる最中に、突然、排水溝を固定していた留め金が外れ、排水溝が開いてしまったことが原因です。

　排水溝を固定していた留め金は、以前よりもたるんでおり、そのことは学校側も知っていました。ところが、学校側は修理を先延ばしにし、このような結果となってしまいました。

　息子の○○が、排水溝に吸い込まれて死亡した原因は、学校が修理を怠ったことにあります。よって、学校の経営者である貴殿に対して損害賠償として○○○○万円を請求致します。

　　令和○○年○月○日
　　　　東京都○○区○○１丁目２番３号
　　　　　　○○○○　　㊞
　　東京都○○区○○３丁目４番５号
　　　　○○学園
　　　　代表理事　　○○○○殿

ワンポイントアドバイス

　文例のようにプールの修理を怠ったことで事故が起こった場合、学校側の工作物責任を問うことができる（民法717条）。文面では学校側の管理体制の不備と、それにより生じた損害との因果関係を示しておく。

私立学校における授業中の事故についての損害賠償請求書

請求書

　令和○○年○月○日午後○時頃、第５時限目の体育の授業中、貴校の校庭にて私共の長男○○が高飛びの練習をしている最中、ケガをしました。長男○○が、高飛びの助走を開始する際に同級生の△△君が、長男○○の足を引っ掛けたことによる転倒が原因です。

　この転倒で、長男○○は、右足を骨折し、１週間の入院と２か月の通院を余儀なくされました。

　この事故は担任である□□教員の監督に落ち度があったために発生したものです。そして□□教員の雇主として貴校にも重大な責任があります。よって、損害の合計○○万円を請求します。

　　　令和○○年○月○日
　　　　　東京都○○区○○１丁目２番３号
　　　　　　　　　○○○○　　㊞
　　　東京都○○区○○３丁目４番５号
　　　　　学校法人○○学園
　　　　　代表理事　　○○○○殿

ワンポイントアドバイス

　事故の起こった状況をできるだけ具体的に書き、「あらかじめ適切な注意を生徒にしなかった」など、担当している教員（指導者）の過失も明らかにしておく。損害賠償の額については、できれば詳細な内訳を示しておくとよい。

子ども同士の事故についての相手の親に対する損害賠償請求書

　　　　　　　　　　請求書

　私の長男○○（5歳）は、令和○○年○月○日午後2時頃、××公園でブランコに乗っておりました。その際、貴殿の息子△△君（6歳）が、突然、ブランコの前に飛び出してきたため、慌てた長男○○は、ブランコから落下してしまいました。ブランコから落ちた長男○○は鼻を骨折し、病院で全治1か月と診断されました。

　貴殿の息子である△△君が、不注意でブランコの前に出てこなければ、私の長男○○がケガをすることもありませんでした。

　よって、損害賠償として以下の金額を請求致します。

　　　　　治療費　　　　○○万円
　　　　　入院費　　　　○○万円
　　　　　通院交通費　　○○万円
　　　　　慰謝料　　　　○○万円

　　令和○○年○月○日
　　　　東京都○○区○○1丁目2番3号
　　　　　　　　○○○○　　㊞
　　東京都○○区○○3丁目4番5号
　　　　○○○○殿

ワンポイントアドバイス

　自転車事故の原因になった子どもの行為は**不法行為**である。しかし、幼い子どもは責任を負わず（責任無能力者）、その親が責任を負うので（監督義務者）、親（監督義務者）に対して、損害賠償を請求することになる。

私立学校における体罰についての学校に対する損害賠償請求書

請求書

　私の次女○○は、令和○○年○月○日、5時間目の体育の授業中、貴学園の体育の担当教員である△△△△に、数回顔を殴られました。次女○○が授業中に私語をしていたことが原因だったようです。

　次女○○の顔は赤く腫れあがり、数日経っても、腫れは引きませんでした。また、今では、学校に行きたくないといっています。次女○○に原因があったとはいえ、体罰は許されるものではありません。

　よって、△△△△の使用者である学校法人○○学園に対して、△△△△の処分を求めるとともに、次女○○が受けた損害として○○万円の賠償を請求致します。

　　　令和○○年○月○日
　　　　　東京都○○区○○1丁目2番3号
　　　　　　　　　○○○○　　㊞
　　　東京都○○区○○3丁目4番5号
　　　　　○○学園
　　　　　代表理事　　○○○○殿

ワンポイントアドバイス

　学校教育法により、子どもを指導するため、一定の**懲戒**をすること（しかりつけること）は認められている（11条）。ただ、体罰については、どのような理由があろうと認められない。体罰があった場合、体罰を行った教師の監督責任のある学校法人に対して損害賠償を請求する。

文例07

公立学校における体罰についての市に対する損害賠償請求書

請求書

　私の長女○○は、××中学の２年生です。

　長女○○は、令和○○年○月○日、理科の授業中、その担当教員である△△△△に数回にわたって平手打ちをされました。帰宅後、病院に行き、鼓膜が破れていることが判明しました。殴られた原因は、長女○○が、授業中に携帯電話を操作したことだったようですが、体罰は許されるものではありません。

　△△△△の行為は明らかに懲戒を超えた体罰であり、不法行為にあたります。よって、××中学の設置者である○○市に対して、長女○○が被った損害額○○○万円を請求致します。

　　令和○○年○月○日
　　　　東京都○○市○○１丁目２番３号
　　　　　　　○○○○　　印
　　東京都○○市○○３丁目４番５号
　　　　東京都○○市
　　　　代表者市長　　○○○○殿

ワンポイントアドバイス

　公立学校の教師は地方公務員であるため、その教師が行った**体罰**に対しては国家賠償法１条が適用される。国家賠償法は、公務員が職務を行う際に他人に損害を与えるなどの**不法行為**を行った場合、国または地方公共団体（都道府県や市町村など）が賠償することを定めた法律である。損害賠償の請求先は、学校の設置者である地方公共団体になる。

教員の言動により精神的に不安定になった場合の損害賠償請求書

請求書

　私の長女○○は、中学２年になった頃からふさぎこむようになり、定期的に精神科に通院しております。元々、明るい子でしたが、中学２年になり、音楽担当の教員である△△△△から「臭い」「ばい菌が移る」などと言われ、その上「汚物さん」というあだ名までつけられていたようです。そのため、長女○○は精神的に不安定になってしまいました。

　長女○○が精神的に不安定になったのは、貴殿が雇っている△△△△の言動が原因であることは間違いありません。

　よって、貴殿に対して、長女○○が被った損害額○○万円を請求させて頂きます。

　　令和○○年○月○日
　　　　東京都○○区○○１丁目２番３号
　　　　　　　　○○○○　　㊞
　　東京都○○区○○３丁目４番５号
　　　　○○学園
　　　　代表理事　　○○○○殿

ワンポイントアドバイス

　教員の言動により精神的に不安定になったことを理由として、生徒側が損害賠償を請求するのは難しいところもあるが、度を超していると考えられる場合には、何らかの行動を起こすべきだろう。文面では、具体的な教員の言動や、それによる子の変化を説明する必要がある。

加害者の親に対するいじめ防止についての請求書

請求書

　何回か口頭でお話ししております貴殿のご子息××君の、私の息子へのいじめは最近ますますエスカレートしていることはご承知の通りです。どうか、ご両親におかれましても、この事情をご賢察の上、××君が過度の暴力をふるうことのないようご指導され、さらなる被害の発生を防止して下さるようお願いします。

　本書面到達後にも、なおご子息××君のいじめが続くようであれば、当方としても、これ以上の被害の発生の防止の必要から、断固たる処置を講じる所存でありますので、この点もお含みおきの上、是非とも善処して下さるようお願い致します。

　　令和○○年○月○日
　　　　東京都○○区○○１丁目２番３号
　　　　　　○○○○　　㊞
　　東京都○○区○○３丁目４番５号
　　　　○○○○殿

ワンポイントアドバイス

　文例は、いじめをしている子の親に対策を求めるものである。親に対して通知をすることが、かえっていじめをひどくさせる可能性もあるので、最終的な手段として用いるべきである。感情的な表現を使ったり、いきなり損害賠償を請求したりするのは逆効果のこともある。通知をする場合には、いじめの事実だけを淡々と記載するのがよい。

学校がいじめを黙殺している場合に改善を求める要望書

要望書

　私は娘を○○市立第一中学校に通わせている者ですが、同校の一部の生徒が私の娘に対していじめ行為を行っているようです。私は娘の担任である○○○○教諭に対していじめが行われないようにする対策をお願いしたのですが、今日を以ても積極的な対策は一切なされておらず、黙殺されているようです。

　同校のみに対策を委ねていては事態がますます深刻なものになると考え、ご連絡致した次第でございます。貴方におかれましては、速やかに学校に対して適切な措置をとって頂くよう、宜しくお願い申し上げます。

　　令和○○年○月○日
　　　　東京都○○市○○１丁目２番３号
　　　　　　　○○○○　　㊞
　　東京都○○市○○３丁目４番５号
　　　東京都○○市
　　　市長　　○○○○殿

ワンポイントアドバイス

　学校がいじめ行為を察知しながら黙殺し、適切な手立てを行ってくれないということがある。このような場合、公立の小中学校ならば区市町村に、私立学校であれば都道府県の私学課に、国立学校であれば文部科学省に連絡して、適切な措置を要請するのがよいだろう。

ネットにおけるいじめの投稿の削除要求書

```
                    要求書

　令和○○年○月○日頃から、貴殿が運営し
ている△△中学サイトに、私の長女○○を誹
謗中傷した書き込みがなされるようになりま
した。
　書き込みの内容から、同じクラスの人が書
き込みをしているようなのですが、表向きは
普通に接してくるので、長女○○は、人が信
用できなくなり、最近では、学校に行くこと
を嫌がるようになりました。
　つきましては、貴殿に対して長女○○を誹
謗中傷した書き込みをすべて削除することを
要求します。
　なお、本書面到達後７日以内に、書き込み
が削除されない場合、訴訟を起こす用意があ
ることを念のため申し添えておきます。


　令和○○年○月○日
　　　東京都○○区○○１丁目２番３号
　　　　　　○○○○　　㊞
　東京都○○区○○３丁目４番５号
　　　　△△中学サイト管理者　○○○○殿
```

ワンポイントアドバイス

　サイト内の書き込みで誹謗中傷された場合には、サイトの管理者に対して、削除要求や損害賠償請求ができる。また、書き込みの内容が、名誉を傷つけたり、侮辱したりするものであったときは、書き込んだ者を名誉毀損罪（刑法230条）や侮辱罪（刑法231条）で告訴することもできる。文例では削除要求だけだが、誹謗中傷により精神的苦痛を受けた場合には、慰謝料をあわせて請求してもよい。

学校側のいきすぎた退学処分に対する抗議書

抗議書

　令和○○年○月○日に貴校が私の息子である○○○○に下した退学処分は学校教育法施行規則第２６条に反する不当な処分と考えますので、抗議致します。

　つきましては一度関係者の方とお会いして、協議の場を持ちたいと考えておりますので、本書面到達後７日以内に下記連絡先までご連絡頂くよう、宜しくお願い申し上げます。

　なお、当方は弁護士を同席させて頂きますのでその旨ご承知おき下さい。

記

連絡先
０３－○○○○－○○○○

令和○○年○月○日
　　○○県○○市○○町１丁目２番３号
　　　　　○○○○　　㊞
○○県○○市○○町３丁目４番５号
　　○○県立第一高等学校
　　校長　　○○○○　殿

ワンポイントアドバイス

　学校の秩序を乱した者や、生徒としての本分に反した者などは、退学処分を受けることがある（公立の小中学校の児童には退学処分を下せない）。ただ、文例のように退学処分が不当な場合もあるので、退学処分を争う際には、子どもの人権や教育に詳しい弁護士に依頼することも必要であろう。

子どもがケガをした場合の託児所に対する損害賠償請求書

請求書

　私の次女○○は、令和○○年○月○日、貴殿が経営する○○託児所での保育中、遊具から転落し、右上腕部骨折という大けがを負いました。今回の事故は、遊具の一部が破損しているにもかかわらず、貴託児所が修繕等の対応を行わなかったこと、担当保育士がその遊具に近づかないよう配慮しなかったことにより発生したものです。担当保育士及び貴託児所には、子どもが安全に遊べるように配慮する義務があったと言わざるを得ません。

　したがって、貴学園に対し、下記の通り損害賠償を請求致します。

記

1　入院・治療費　　　○○万円
2　通院交通費　　　　○○万円
3　慰謝料　　　　　　○○万円

令和○○年○月○日
　　　東京都○○区○○1丁目2番3号
　　　　　　　○○○○　　㊞
東京都○○区○○3丁目4番5号
　　　○○学園
　　　代表理事　　○○○○殿

ワンポイントアドバイス

　文例のように、修理を怠ったことにより事故が起こった場合、託児所側の管理責任（使用者責任）を問うことができる。できるだけ具体的に、託児所側の管理体制の不備と、そのことで生じた損害との因果関係を示しておく。

施設の職員に暴行を受けた障がい者の親族による損害賠償請求書

請求書

　私は、貴殿が経営する福祉施設○○に入所している○○○○の親族です。私は月に一度、○○○○の面会に訪れているのですが、○月の面接の際、○○○○の顔が青く、右足を気にかけている様子が見受けられました。右足を見てみると、足首のあたりが異様に膨らんでいました。

　その後、検査で右足が骨折していることが判明しました。また、検査の際、背中や腹部に打撲の跡があることもわかりました。○○○○に話を聞いてみると、貴施設の職員から、日常的に暴力をふるわれているとのことでした。このような行為は許されるものではありません。よって、損害賠償として金○○○万円請求致します。なお、今後の対応については後日あらためて話し合いたいと思いますのでご承知おき下さい。

　　令和○○年○月○日
　　　　東京都○○区○○１丁目２番３号
　　　　　　　　○○○○　　㊞
　　東京都○○区○○３丁目４番５号
　　　　福祉施設○○
　　　　代表者　　○○○○　　殿

ワンポイントアドバイス

　施設の職員から暴行を受けた場合、職員には不法行為（民法709条）に基づく損害賠償を、施設には使用者責任（民法715条）に基づく損害賠償を、それぞれ請求できる。両方の責任を追及することも可能である。

依頼者から預かったお金を横領した
成年後見人への賠償請求

　　　　　　　　　　請求書
　　貴殿は、亡き父○○○の成年後見人として、父の財産の一切を管理していましたが、貴殿が成年後見人を務めた令和○○年○月から令和○○年○月までの間に、父名義の預金口座から複数回にわたり金○○万円が不正に引き出されていることが判明しました。
　　よって、本通知到達後2週間以内に、上記横領金の返還を請求します。万が一、返還していただけない場合は、法的手続きに移行するとともに、刑事告訴も検討することになりますのでご了承ください。

　　　令和○○年○月○日
　　　　　東京都○○区○○○丁目○番○号
　　　　　　　　　○○○○　　㊞
　　　東京都○○市○○○番○号
　　　　　○○○○殿

ワンポイントアドバイス

　　成年後見人が成年被後見人の財産を不正に使い込むと「業務上横領罪」が成立する（刑法253条）。そのため、話し合いの段階から、後見人が横領金の返還に応じないときは、刑事告訴も辞さない強い態度を示すことで、返還を心理的に強制するようにするとよい。

巻 末

内容証明郵便以外の
その他の文例

内容証明郵便以外でクーリングオフをする場合

　いくつかの種類の取引については、一定期間の間は、消費者から申込みを撤回し、または契約を解除（最初から契約をなかったことにする）できることを法律は認めています。この法律で認められた一定期間のことをクーリングオフ期間と呼びます。この期間を過ぎるとクーリングオフができなくなります。クーリングオフできる取引は、さまざまな法律で決められています（次ページ図参照）。

　クーリングオフは一度行った契約を消滅させる強力な効果がありますから、どんな法律でもクーリングオフの通知（告知）は「書面」で行うことが必要です。「書面」であれば、ハガキでも手紙でもかまいませんが、普通郵便だと郵便事故で相手に届かないこともあります。また、ハガキや手紙が来ても無視する危険性が高いといえます。

　そこで内容証明郵便を使うのが最も確実です。ハガキなどでクーリングオフをする場合には、本章でとりあげるような簡易書留を利用するのがよいでしょう。

送信防止措置依頼書の提出

　インターネットの普及に伴い、誰でも簡単に情報の入手と発信を行えるようになった反面、情報の流通による権利侵害の問題も増加傾向にあります。情報の流通による権利侵害の代表例は、著作権侵害、商標権侵害、名誉毀損です。このような権利侵害を受けた場合は、プロバイダに対する情報の削除依頼（送信防止措置依頼書の提出）を検討しましょう。

　なお、プロバイダ責任制限法にいう「プロバイダ」とは、ISP（インターネット接続を提供する事業者）に限らず、サーバやウェブサービス（SNS、掲示板、ブログなど）の管理者・運営者も含みます。

発信者情報開示請求

　インターネット上の権利侵害情報に対しては、直接その発信者に民事上の差止請求（削除請求）や損害賠償請求を行う他、刑事上の責任を問うため警察に告訴・告発を行うことも考えられます。しかし、インターネット上の情報の流通は匿名で行われ、発信者情報が不明なことが多くあります。削除依頼が認められても、別のプロバイダのウェブサービスに権利侵害情報が掲載され続けるケースもあります。そこで、プロバイダ責任制限法は、必要な場合に、発信者情報を被害者に開示する手続きを定めています。これを発信者情報開示請求といいます。

　たとえば、著作権侵害では、請求者の指定する著作物について、発信者がその全部または一部を複製または公衆送信していることが確認されれば、発信者情報が開示される可能性があります。たとえば、レコードを製作した上で、CDとして販売しているA社の楽曲が、複製ファイルとしてファイル共有ソフトを介して不特定多数の者が受信できる状態に置かれていた場合、発信者情報の開示が認められると考えられます。

■ クーリングオフ

訪問販売	法定の契約書面を受け取った日から8日間
電話勧誘販売	法定の契約書面を受け取った日から8日間
マルチ商法（連鎖販売取引）	クーリングオフ制度告知の日から20日間
現物まがい商法（預託取引）	法定の契約書面を受け取った日から14日間
宅地建物取引	クーリングオフ制度告知の日から8日間
ゴルフ会員権取引	法定の契約書面を受け取った日から8日間
投資顧問契約	法定の契約書面を受け取った日から10日間
保険契約	法定の契約書面を受け取った日から8日間

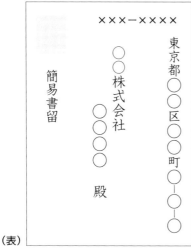

(表)

契約解除通知書

私が貴社と締結した下記の契約を解除いたします。

契約年月日　令和○○年○月○日
商品名　　　○○マッサージ器
契約金額　　40万円
販売会社　　○○株式会社

令和○○年○月○日
　東京都○○区○○町○-○-○

　　　　　　　　　　○○○○ 印

(裏)

【文例】クレジット契約を解除する場合の通知書

(表)

東京都○○区○○町○-○-○
○○クレジット株式会社
○○○○殿
簡易書留
×××－××××

契約解除通知書

私は下記販売業者と以下のような契約を結びましたが、割賦販売法35条の3の10に基づき、クレジット契約を解除させていただきます。

契約年月日　令和○○年○月○日
商品名　　　○○マイナスイオン発生器
契約金額　　10万円
販売会社　　○○株式会社
クレジット契約整理番号
　　　　　　○○○-○○○-○○○

令和○○年○月○日
　東京都○○区○○町○-○-○

　　　　　　　　　　○○○○ 印

(裏)

【文例】送信防止措置依頼書（著作権侵害）

令和○○ 年 ○○ 月 ○○ 日

【株式会社○○○○】　御中

氏　名　樋口　美千代　㊞

著作物等の送信を防止する措置の依頼について

　私は、貴社が管理するURL：【 http://○○○○.blog.book.jp/（文学背くらべにっき）】に掲載されている下記の情報の流通は、下記のとおり、申出者が有する【著作権法第23条に規定する公衆送信権】を侵害しているため、「プロバイダ責任法著作権関係ガイドライン」に基づき、下記のとおり、貴社に対して当該著作物等の送信を防止する措置を講じることを求めます。

記

1. 申出者の住所	【〒 ○○○－○○○○ 　東京都文京区○○１－１－１　　】		
2. 申出者の氏名	【　樋口　美千代 】		
3. 申出者の連絡先	電話番号	【 ０３－○○○○－○○○○】	
	e-mail アドレス	【 ichi@ ○○○ .com】	
4. 侵害情報の特定 　のための情報	URL	【 http://○○○○.blog.book.jp/ 　】	
	ファイル名	【 ○○○○.log 　】	
	その他の特徴	【 ○○○○年○月○日～○月○日更新分 　】	
5. 著作物等の説明	侵害情報により侵害された著作物は、私が創作した著作物「ウェブログ記事」を転載したものです。参考として当該著作物の写しを添付します。		
6. 侵害されたとする権利	著作権法23条の公衆送信権（送信可能化権を含む。）		
7. 著作権等が侵害 　されたとする理由	私は、著作物「今日の美千代にっき」に係る著作権法第23条に規定する公衆送信権（送信可能化権を含む。）を有しています。本ウェブログ記事は○○○○年まで私が創作していたものであり、本著作物を公衆送信（送信可能化を含む。）することを許諾する権限をいかなる者にも譲渡又は委託しておりません。		
8. 著作権等侵害の 　態様	1　ガイドラインの対象とする権利侵害の態様の場合 　　侵害情報は、以下の ■b) の態様に該当します。 □a) 情報の発信者が著作権等侵害であることを自認しているもの ■b) 著作物等の全部又は一部を丸写ししたファイル（ a) 以外のものであって、著作物等と侵害情報とを比較することが容易にできるもの □c) b)を現在の標準的な圧縮方式（可逆的なもの）により圧縮したもの 2　ガイドラインの対象とする権利侵害 の態様以外のものの場合 （権利侵害の態様を適切・詳細に記載する 。）		
9. 権利侵害を確認 　可能な方法	○○の方法により権利侵害があったことを確認することが可能です。		

　上記内容のうち、5・6・7・8の項目については証拠書類を添付いたします。
　また、上記内容が、事実に相違ないことを証します。

以　　上

令和○○年○○月○○日

【株式会社○○○○】御中

[権利を侵害されたと主張する者]（注1）

住所　神奈川県○○市○○町○丁目○番○号
　　　株式会社　××××
氏名　代表取締役社長　××××　㊞
連絡先　046－○○○－○○○○

発信者情報開示請求書

　[貴社・~~貴殿~~]が管理する特定電気通信設備に掲載された下記の情報の流通により、私の権利が侵害されたので、特定電気通信役務提供者の損害賠償責任の制限及び発信者情報の開示に関する法律（プロバイダ責任制限法。以下「法」といいます。）第4条第1項に基づき、[貴社・~~貴殿~~]が保有する、下記記載の、侵害情報の発信者の特定に資する情報（以下、「発信者情報」といいます）を開示下さるよう、請求します。

　　なお、万一、本請求書の記載事項（添付・追加資料を含む。）に虚偽の事実が含まれており、その結果貴社が発信者情報を開示された契約者等から苦情又は損害賠償請求等を受けた場合には、私が責任をもって対処いたします。

記

[貴社・~~貴殿~~]が管理する特定電気通信設備等		（注2） http://○○○○.co.jp/××××.html
掲載された情報		当社の著作物である素材集「ビジネスクレイアート集Vol.2」 ファイル番号「0012,0035,0076,0081」合計4点（添付別紙参照）
侵害情報等	侵害された権利	**著作権（複製権、送信可能化権）**
	権利が明らかに侵害されたとする理由（注3）	http://○○○○.co.jp/××××.htmlに掲載されている画像は、当社の著作物である素材集「ビジネスクレイアート集Vol.2」の4点から無断使用しており、これは当社サイトのサムネイル画像（見本）からダウンロードして利用していることが画像の解像度と「コピー不可」の文字を消した跡から明らかです。 よって、貴社が管理するWebサイトにおいて、当社の著作物が送信可能な状態にあることは、発信者が当社の製品を正当に購入しかつ、ライセンス許諾を一切受けずになされているものであり、著しい著作権侵害であります。
	発信者情報の開示を受けるべき正当理由 （複数選択 可） （注4）	①　損害賠償請求権の行使のために必要であるため ②　謝罪広告等の名誉回復措置の要請のために必要であるため ③　差止請求権の行使のために必要であるため ④　発信者に対する削除要求のために必要であるため 5．その他（具体的にご記入ください）

開示を請求する発信者情報（複数選択可）	①．発信者の氏名又は名称 ②．発信者の住所 ③．発信者の電子メールアドレス ④．発信者が侵害情報を流通させた際の、当該発信者のIPアドレス（注5） 5．侵害情報に係る携帯電話端末等からのインターネット接続サービス利用者識別符号（注5） 6．侵害情報に係るSIMカード識別番号のうち、携帯電話端末等からのインターネット接続サービスにより送信されたもの（注5） ⑦．4ないし6から侵害情報が送信された年月日及び時刻	
証拠（注6）	**添付別紙参照**	
発信者に示したくない私の情報（複数選択可）（注7）	1．氏名（個人の場合に限る） 2．「権利が明らかに侵害されたとする理由」欄記載事項 3．添付した証拠	

（注1）原則として、個人の場合は運転免許証、パスポート等本人を確認できる公的書類の写しを、法人の場合は資格証明書を添付してください。

（注2）URLを明示してください。ただし、経由プロバイダ等に対する請求においては、アドレス等、発信者の特定に資する情報を明示してください。

（注3）著作権、商標権等の知的財産権が侵害されたと主張される方は、当該権利の正当な権利者であることを証明する資料を添付してください。

（注4）法第4条第3項により、発信者情報の開示を受けた者が、当該発信者情報をみだりに用いて、不当に当該発信者の名誉又は生活の平穏を害する行為は禁じられています。

（注5）IPアドレス、携帯電話端末等からのインターネット接続サービス利用者識別符号及びSIMカード識別番号のうち、携帯電話端末等からのインターネット接続サービスにより送信されたものについては、特定できない場合がありますので、あらかじめご承知おきください。

（注6）証拠については、プロバイダ等において使用するもの及び発信者への意見照会用の2部を添付してください。証拠の中で発信者に示したくない証拠がある場合（注7参照）には、発信者に対して示してもよい証拠一式を意見照会用として添付してください。

（注7）請求者の氏名（法人の場合はその名称）、「管理する特定電気通信設備」、「掲載された情報」、「侵害された権利」、「権利が明らかに侵害されたとする理由」、「開示を受けるべき正当理由」、「開示を請求する発信者情報」の各欄記載事項及び添付した証拠については、発信者に示した上で意見照会を行うことを原則としますが、請求者が個人の場合の氏名、「権利侵害が明らかに侵害されたとする理由」及び証拠について、発信者に示してほしくないものがある場合にはこれを示さずに意見照会を行いますので、その旨明示してください。なお、連絡先については原則として発信者に示すことはありません。

ただし、請求者の氏名に関しては、発信者に示さなくとも発信者により推知されることがあります。

以上

［特定電気通信役務提供者の使用欄］

開示請求受付日	発信者への意見照会日	発信者の意見	回答日
（日付）	（日付） 照会できなかった場合はその理由：	有（日付） 無	開示（日付） 非開示（日付）

【監修者紹介】
松岡　慶子（まつおか　けいこ）
認定司法書士。大阪府出身。神戸大学発達科学部卒業。専攻は臨床心理学。音楽ライターとして産経新聞やミュージック・マガジン、クロスビート、CDジャーナルなどの音楽専門誌等に執筆経験がある。2013年4月司法書士登録。大阪司法書士会会員、簡裁訴訟代理関係業務認定。大阪市内の司法書士法人で、債務整理、訴訟業務、相続業務に従事した後、2016年に「はる司法書士事務所」を開設。日々依頼者の方にとって最も利益となる方法を模索し、問題解決向けて全力でサポートしている。
監修書に『図解で早わかり　商業登記のしくみ』『図解で早わかり　不動産登記のしくみと手続き』『入門図解　任意売却と債務整理のしくみと手続き』『最新　不動産業界の法務対策』『最新　金銭貸借・クレジット・ローン・保証の法律とトラブル解決法128』『図解　土地・建物の法律と手続き』『入門図解　内容証明郵便・公正証書・支払督促の手続きと書式サンプル50』（いずれも小社刊）がある。

はる司法書士事務所
大阪府大阪市中央区平野町3-1-7　日宝平野町セントラルビル605号
電話：06-6226-7906
mail harulegal@gmail.com
http://harusouzoku.com

すぐに役立つ
法改正に対応！
最新　内容証明郵便実践文例集200

2020年7月30日　第1刷発行
2023年2月20日　第2刷発行

監修者	松岡慶子
発行者	前田俊秀
発行所	株式会社三修社
	〒150-0001　東京都渋谷区神宮前2-2-22
	TEL　03-3405-4511　FAX　03-3405-4522
	振替　00190-9-72758
	https://www.sanshusha.co.jp
	編集担当　北村英治
印刷所	萩原印刷株式会社
製本所	牧製本印刷株式会社

©2020 K. Matsuoka Printed in Japan
ISBN978-4-384-04847-6 C2032